女性営業渉外の育成法

営業の基礎から融資渉外まで

三菱UFJリサーチ&コンサルティング株式会社
川井栄一　植月彩織　著

銀行研修社

は　し　が　き

　本書は、女性部下の育成を任された上司・先輩・管理職の方はもちろん、営業・渉外業務に携わる女性の方に、また、上司と部下ご一緒に、と広くご活用いただければと思います。

　昨今、女性活躍推進が進む一方で、現場にて山積した悩みや不安のご相談を戴きます。現在の著者は、三菱ＵＦＪリサーチ＆コンサルティングにて、三菱ＵＦＪフィナンシャルグループの他にも様々な金融機関や全国地方銀行協会、早稲田大学、様々な企業様にて講師を務めています。新入行員研修や女性行員研修、支店長研修も含め、年間100回以上の研修会・講演会を行っています。本書の内容は、著者が研修会の中で直接おうかがいしてきた「女性部下育成の悩み」「営業渉外業務への不安」を少しでも解消していただくべく、テーマ別のケースとともに綴ったものです。

　上司の皆様方は、女性部下管理育成のご参考事例として、読み進めていただければ幸いです。男性部下との接し方の違いや、女性ならではの育成内容、営業渉外に送り出す際の留意点等の確認ツールとして、さらに、実際の部下とのコミュニケーションにもお役立ていただけることを願います。

　女性部下の皆様方、営業・渉外業務に携わる皆様方は、お客様へ接する心構えやプロとして業務に臨む姿勢の習得、自己成長のための教材や上司からの指導育成のツールとして、本書が一助となれば幸いです。女性部下育成は、教える側の覚悟もさながら、教えていただく側の態度も非常に重要です。大変さも含めて楽しく仕事に取り組むために、「何を」に加え「誰に」「どうやって」教わるか、が影響するなら、上司との関係構築も不可欠かと思います。本書を通じて、皆様方がいきいき働くためのきっかけに巡り合うことを願ってやみません。

最後に、この場をお借りして、本書の執筆にあたり様々なご支援をいただいた皆様へ御礼申し上げます。

　著者川井としては、入行当時、生意気な著者のお世話をしてくださった、上司、先輩、研修所の講師、同期の仲間たち。銀行退職後から、起業・独立そして現在まで、著者を支えてくださった、会長、社長、親類縁者に両親や家族。三菱ＵＦＪリサーチ＆コンサルティングの一員として迎え入れてくださった当時の部長、室長、諸先輩方。書籍の執筆を勧めてくださった、歴代の職場の上司や同僚。

　著者植月としては、入社当時、至らない点ばかりの著者の面倒をみてくださった上司、先輩、社内講師、同期たち。深い愛情と忍耐を持って育て支えてくれた両親、友人。そして、生涯携わりたい仕事に迎えてくださった尊敬する上司。働く女性部下として、貴重な機会を恵んでくださる、いい上司に育成していただける有難みを日々実感しています。

　また、今でも著者両名と一緒に教育研修にご協力いただいている皆様。著者の講演会や研修会に関して、あたたかいご支援をいただいている企業、金融機関の皆様方。皆様からのご支援のお蔭で、本書を出版することが出来ました。

　心より、御礼申し上げます。誠にありがとうございました。
　2017年春

　　　　　　　　　　　　　　　　　　　著者　川井栄一　植月彩織

目　次

序　ケーススタディから見る「女性融資渉外」の今
- やまと銀行ケーススタディ1
　　〜本当の退職理由とは？〜 …………………………………… 5
- やまと銀行ケーススタディ2
　　〜キャリアビジョンと将来への不安〜………………………… 8

ケース1	初めての渉外!? 営業に対する不安を取り除こう 〜いま女性の融資渉外が注目される背景〜 ………… 13
ケース2	「ゆとり世代」女性の育成術 〜男性との違い、評価の仕方、褒め方・叱り方〜… 21
ケース3	女性部下の戦力分析編 …………………………………… 29
ケース4	上司と一緒に学ぶ！ 今さら聞けない営業マナー編 … 35
ケース5	モチベーションアップにつながる誉め方・叱り方 … 43
ケース6	熱心な指導・セクハラ・パワハラの境界線 ………… 51
ケース7	ニーズとウォンツを踏まえたコミュニケーション … 59
ケース8	キャリアビジョンと育成計画 ………………………… 67
ケース9	ティーチングとコーチング …………………………… 77
ケース10	顧客対応にも活かせる実践的コーチングスキル……… 83
ケース11	女性融資渉外に求められる融資の知識　1 …………… 91
ケース12	女性融資渉外に求められる融資の知識　2 …………… 97
ケース13	トラブル・クレームと上司としての対応……………… 105
ケース14	企業を知る！ ビジネスモデルと事業ドメイン ……… 111
ケース15	経営者を知る！ 経営理念と戦略 ……………………… 117
ケース16	状況対応の部下指導 〜シチュエーショナルリーダーシップ〜…………… 123
ケース17	メンタルヘルス対策とストレスマネジメント……… 129

ケース18	商談スキルを磨く法則………………………………………	135
ケース19	女性融資渉外の自己分析をサポート……………………	143
ケース20	女性融資渉外に後輩が配属されたら……………………	151

おわりに………………………………………………………………… 158

序　ケーススタディから見る「女性融資渉外」の今

　本書を読みすすめる前に、まずは次の2つの「ケーススタディ」に目を通してみてください。金融機関に勤務する女性が、どのような環境に身を置いているか、その一面をうかがい知ることができると思います。

やまと銀行ケーススタディ1
〜本当の退職理由とは？〜

　北山さん（K大学卒業、入行1年目）は、やまと銀行の東十条支店に配属されました。大きな支店で先輩方は皆忙しく働いています。
　週末、月末、期末等は当然のように遅くまで残業しており、繁忙期は実質残業100時間を超えるような先輩行員もいるようです。
　その中で、北山さんのOJT担当となった3年目の西村さん（男性）も毎日忙しく働いており、その守備範囲は為替、融資から外為まで担当し、さらにコピー用紙の補充から、回覧物の回付、キャビネットの整理、郵便物の回収、店前の花壇の掃除まで一人で行っていました。
　ある日、そんな西村さんに支店長から嬉しい知らせがありました。
　今年はやっと新入行員の北山さんが配属となったということです。
　西村さんにとっては、入行以来初めての後輩でした。
「西村さんも入行以来3年間、一番下っ端で苦労したが、やっと支店に新人の配属が決まった。今度くる北山さんはかなりしっかりした女性行員だそうだ。しっかりと育成してほしい」と支店長は西村さんに伝えました。
「これで俺もやっと、こまごました雑用から解放される」西村さんは、

これまでの苦労が報われたような喜びをかみしめていました。
　4月に入り、北山さんが入行し、新しい年度が始まりました。期の初めでキャンペーン商品や、人事異動、歓送迎会などもあり、様々な業務が若手行員には集中していました。
「北山さん、歓迎会の会場を押さえて」
「北山さん、コピー機が調子悪いから何とかして」
「北山さん、ロビーでATMの操作案内して」
　こんな調子で、西村さんは北山さんに、矢継ぎ早にどんどん仕事の指示を出していきました。西村さんも入行当時、こんな具合に先輩から鍛えられたことを思い出しながら。
　真面目で素直な北山さんは、西村さんの指示をきちんと、黙々とこなしていました。
　8月のお盆休明け、相変わらず、西村さんは大忙し。ある日、そんな西村さんは、北山さんから次のような相談を受けました。
「先輩、先輩、実はお願いがあります」
「えっ何？」
「もう私もこの銀行に入って半年ほど経ちました。もちろんやりたい仕事があって入行したのですが…、先輩が忙しいのも分かりますし、雑用が大事なことも分かりますが…、そろそろ私にも融資業務の業務分担を作っていただけないでしょうか？」
「業務分担だって？ 北山さん、俺の仕事の忙しさがまだ分からないの？ 今はとにかく俺の仕事をどんどんあなたに引き継ぐから！ まだ1年目だし、女性だし、そんなこと考えなくて良いから！ 今はとにかく俺を早く楽にしてくれよ。そのために一人前の行員になってくれ。融資業務？ 業務分担？ そんなものはその後の話だ」
　こう言い放つ西村さんに対して、北山さんは、仕方がなく従いました。
　それから半年。北山さんもかなり仕事を覚えました。西村さんはお陰で、融資業務や外為といった業務に時間を割くことができるようになり、

業務に専念できるようになりました。
　そんなある日、西村さんは支店長代理に呼ばれました。
「西村さん、あなたは北山に何かしたの？　彼女はこの間の面談で、『私は西村さんの言いなりで、まるで秘書扱いされているみたいで…、もう銀行を辞めたい』と言っていたらしいよ。彼女が総合職だからと言って厳しすぎたのではないの？」
　追い討ちをかけるように、今度は支店長からから呼ばれました。
「北山さんから退職願の提出があった。『入行１年で申し訳ないが、転職先が決まったから辞職したい』と言っている。いったいこの１年間、君は北山さんにどんな指導をしてきたのか」
　指導も何も、とにかく西村さんは、北山さんに自分の仕事を引き継いできたのです。自分も入行当時そうだったように…。お陰で北山さんもずいぶん仕事を覚えました。それが「ＯＪＴ」というものではないか…。
　戸惑う西村さんに対する支店長の眼差しは、不信感に満ちていました。

やまと銀行ケーススタディ２
～キャリアビジョンと将来への不安～

　松本さん（Ｋ大学卒業、入行３年目）は、やまと銀行の東京支店に配属されました。
　女性総合職として、２ヵ店目でかなり大きな支店に転勤となり、仕事にもやりがいが出てきたところです。
　最近、結婚してプライベートも安定し、土日にはファイナンシャルプランナーの資格にもチャレンジしており、充実した毎日を過ごしていました。
　ところが最近、銀行業務にマンネリ感が出てきました。この先ずっとこの仕事をしていくのだろうか？　自身のキャリアはこのままで良いのだろうか？
　週末、入行店で親しくしてくれていた役席と飲みに行く機会があり、銀行員としての市場価値や、キャリア、これからの仕事に付いて、アルコールも手伝って、少し愚痴を言ってみたりもしました。
　役席は、「松本さんは、まだまだ若いな。日々一生懸命に業務を行っていれば、少しずつキャリアは形成されていくものだよ。資格を取りさえすればよい、なんてものじゃない、そりゃ、資格もあるに越したことはないし、昇格要件のひとつではあるけれど、周りとの人間関係や、調整能力、バランス感覚のようなものが重要かな！　上司にいかに可愛がられるかが特にポイントだよ！　ははは！」と笑っていました。
　松本さんは、「確かにそんなものかな？　先輩の言うことも一理あるかな」と開き直り、資格の勉強などもおろそかになりがちで、人脈作りと言っては、毎日、大学時代の友人等と飲み歩く日々を過ごしていました。
　そんなとき、突然、やまと銀行に経営統合の噂が出始めました。
　どうやら、近隣の地方銀行と合併するらしいとの情報が有名経済誌に

掲載されたのです。

　松本さんは、「もし本当に、合併となれば、支店の統廃合も進み、リストラクチャリングも進むだろう、私は女性総合職としてやっていけるのかな？ 本当に先輩が言うように、人間関係だけで生き残っていけるのだろうか？」と、どうしようもなく不安になり、同期の仲間と連絡を取り合いました。

　同期の仲間と近況を報告し、これからのやまと銀行や、同期の昇進についても語り合い、安心した一面もありました。「どこと合併しようと関係ないよ！ うちは良い銀行だよ！ しっかり仕事すれば良いじゃないか！」と心強い同期の言葉に励まされました。

　ところが、その同期会（飲み会）の席で、ある同期が「実は私、転職が決まった」「私も結婚が決まったし、もう退職するの…」などと話しているのを耳にしました。

　松本さんは、なんだかこのまま銀行に残ることがとてつもなく不安になってしまいました。銀行に残ることが、自分だけ取り残されたような気持ちになってしまったのです。

　思い切って転職しようか、転職するなら若いうちに…などと悩んでいます。

　松本さんは、とてもこのようなことを支店長や副支店長には相談できません。

　近々、人事部との面談を控えていますが、人事部にも相談してよいものか不安です。

　転職支援会社には、複数登録して、いろいろと相談していますが、今後、自分のキャリアがどうなるのか不安な毎日を過ごしています。

　働く女性として、松本さんはどうキャリアビジョンを考えたらよいのでしょうか？

いかがでしたか？　北山さんも松本さんも、やまと銀行にとっては貴重な人材であるはずですが、さまざまなことが積み重なって、このままでは、彼女たちの社会人人生にとっても、そして金融機関にとっても「損失」ということになってしまいそうです。

　もとより人材難に差し掛かっている時代です。性別に関係なく、若手行職員の育成はかつてないほど重要な事項となっているのですが、特に女性行職員の活躍は、「女性活躍推進」というわが国の方針もあり、非常に期待されているところです。「融資渉外」という、これまでは男性の専門領域だったような業務でも、女性ならではの力を発揮して推進を図ることができるようになれば、金融機関にとっては「行職員の層」が分厚くなり、業績向上にも寄与することになるのです。

　すなわち、金融機関の現場では、上手に女性の力を引き出し、その活躍を後押しするような「育成」が非常に重要になっています。その役割を果たすのは、女性を部下に持った上席者に他なりません。

　本書は、以下の登場人物を主人公とし、彼らが直面するさまざまな事象を通じて、「女性営業渉外の育成法」を学んでいくものです。

　ケース１から20まで、楽しく読み進めていただけたらと思います。

　それでは、ケース１から！

<登場人物>

やまと銀行　　東十条支店
上司　　　　　次長

川藤修一　（かわとう しゅういち）
　初めての女性渉外の部下を持つ
　何事にも前向きで、熱心なタイプ
　ときどき格言めいたことを言う

やまと銀行
部下　　　　　融資渉外担当

上杉小百合　（うえすぎ さゆり）
　百合丘学園出身の3年目行員
　異動して、初めての渉外活動
　素直でとても良く指示に従うが、
　おとなしい性格で、営業に不安を抱いている

ケース 1

初めての渉外⁉
営業に対する不安を取り除こう

〜いま女性の融資渉外が注目される背景〜

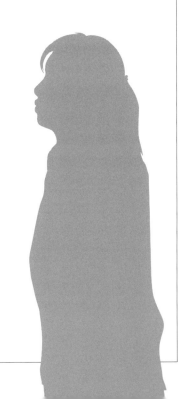

Case01　4月3日（月）11：28　東十条支店　会議室にて…

川藤さん

渉外係に配属になって、本当に良かったね！
上杉さんならきっとできるよ！頑張ってね！

上杉さん

えっ！私ですか、
まさか本当に私が融資渉外をするとは
思っていなかったのです……
融資係も経験していないのに、正直不安です……

大丈夫だよ！一つひとつ覚えていこうね！

でも、お客様の所へ訪問するのは不安です
一生懸命、提案をしても、私に攻略できるのか？
いろいろ怒られて、結局クレームを受けないか？
……やっぱり、とっても不安です

もしかして上杉さんはお客様のことを、
『戦うべき敵・攻める相手』だと
勘違いしていないかな？
融資渉外の仕事は、お客様と戦うことではないのですよ！
お客様に、金融サービスを売り付けることでもないのですよ！
お客様の味方になって、お客様のお役に立つことが
仕事なのだよ！

そうなのですか……
営業目標とかあるし、お客様に無理にでも、
ご契約を迫る必要がある気がしてしまって…

初めは、そんなことを気にしなくても良いから、
とにかくどうしたらお客様の役に立てるか？
考えてみたらどうかな？
毎日、伝票と向き合っているよりも、
端末と向きあっているよりも、絶対に楽しい仕事だよ！

ケース1　初めての渉外⁉ 営業に対する不安を取り除こう

> 承知しました！ とにかく一度チャレンジしてみます
> これから、よろしくお願いいたします

解説　女性の細やかさを意識した指導が求められる

　現在、「女性活用推進」というテーマに取り組んでいる金融機関は非常に多いと考えます。

　過去に採用を絞った時期があるため、バリバリ働ける30代が少ないこともあり、支店では、

**　　　　　若手の即戦力化！　女性の活用！**

が急務となっているためです（図表1-1参照）。

　そこで、初めて女性融資渉外の部下を持った上司としては、

**　　　　心構え、マインドセットから取り組む**

図表1-1　研修会場・講演会場で講師がよく聞く悩み

不況時に採用を絞った関係で、今バリバリ働ける30代が少ない

若手行職員はそもそも、中小企業の社長等と何を話してよいかも分からない

信じがたいことだが、金融機関に勤務しているにもかかわらず、決算書を読めない若手行職員もいる

こんな状況で、金融機関はどうやって営業活動を行えばよいのか？

必要があります。

　男性の融資渉外の方は、営業活動のことをスポーツや戦いに例えて、「取った！　取られた！　攻めた！　落とした！」などと表現することがありますが、そうした表現を聞くと、女性は、
　　　　　　自分にできるだろうか？
と不安に感じることも多いようです。
　こうした点を意識し、融資渉外の仕事とは、
　　　　　　お客様のお役に立つことで、お客様と戦うことではないよ
と指導してあげてください。
　また、
　　　　　　お客様から感謝され、愛され、頼りにされる仕事
なのだと指導してあげてください。
　そんな仕事は、融資渉外だけでしょう。為替事務を一生懸命やっても、なかなか誉めてもらえない？　ですし、伝票や端末がお礼を言ってくれるわけではありません。この点を、融資渉外のモチベーションにしてもらうようなアプローチも大切かもしれません。

ステップアップ指導の着眼点

▶融資営業の「源泉」を理解してもらう
　そもそも、融資渉外にとっての営業力とは何でしょうか？
　融資渉外に必要とされる「営業力」の内容は、大きく分けて、次の4つに分類できます（図表1-2参照）。
　①金融機関の信用度
　②営業担当者の信用度
　③融資の必要性
　④有利な条件
　以下で詳しく見ていきましょう。

図表1-2　融資渉外「営業力」の源泉

| 金融機関の信用度 | 営業担当者の信用度 | 融資の必要性 | 有利な条件 |

　安心・信用　感情　＋　ニーズ（広義）　損得感情

　　　　↓

合計がプラスなら取引していただける可能性が高くなる

①金融機関の信用度

　これは女性に限ったことではありませんが、金融機関での営業はとても有利です。

　どの金融機関も地域での信頼性は高く、女性であっても金融機関の行職員だと分かれば、商談のテーブルに着くことができる可能性は高いでしょう。

　一般の中小企業が営業するのとは、状況がまったく異なるのです。
　そして、
　　　　その信用は今まで先輩方が培ってきたもの
ですから、すでに信頼関係ができている取引先に同行訪問する際には、
　　　　その恩恵をよく理解させてあげて
ください。

②営業担当者の信用度
　　　　　女性だから、なめられないか!?
などと、斜に構える必要はありません。
　信用を得るために必要なマナーやコミュニケーション術は、ケース４（35頁～）で紹介しますが、担当者としての信用度を高めるポイントは、やはり、
　　　　　まずは誠心誠意お客様にご挨拶をすること
でしょう。

③融資の必要性
　必要のない取引先に無理やり融資を行おうとしても、煙たがられるだけで、融資渉外の仕事が嫌いになってしまいます。
　したがって、最初は、
　　　　　融資ニーズがありそうな企業を見分けるところから
　　　　　指導してあげる
必要があります。
　融資係を経験していない部下であれば、上司がニーズを見つけてあげることも必要です。
　資金ニーズのない所に無理やり営業させて、
　　　　　融資渉外が嫌いになってしまわないよう注意する
必要があります。

④有利な条件
　契約に関する条件交渉で、有利なものを提示できるかどうかも、営業にとっては重要なポイントです。
　本来は、最後に行うべき条件交渉ですが、まだ融資渉外に慣れていない女性担当者は、
　　　　　「他行では金利どうですか？　長期ですか？　手形ですか？」

と条件の話ばかりになりがち
です。
　信頼関係ができておらず、資金ニーズがない取引先に、いくら条件交渉してみても、結局末長い取引には発展しないものです。
　より良い条件を提示されれば、他の金融機関に乗り換えられてしまうだけです。

▶不安を楽しみに変える指導が求められる

　初めて渉外業務を行うという場合、女性であればなおさら不安を覚えるものです。したがって、
　・まずは信頼関係を構築すること
　・取引先に興味を持つこと
　・融資渉外はお客様から信頼され、愛されて、頼りにされる仕事であること
　・融資渉外はとても楽しい仕事であること
などを、上司の立場にいる人は、ぜひ指導してあげていただきたいと思います。

先輩 女性融資渉外からの1ポイント・アドバイス

　私も初めての融資渉外は、不安なことばかりでした。でも、今思えば、お客様にとって女性渉外が初めてなら、むしろチャンスです！ 真面目、誠実、コミュニケーション上手…女性融資渉外としての良さがお伝えできるよう、一生懸命な気持ちを、相手に伝わるように、行動で示しましょう！

　「できない」ことよりも「取り組まない」ことのほうが問題です。お客様も、上司・先輩も、まずは、あなたの頑張る姿を期待していますよ！

　金融機関は、お客様の人生を支え夢を叶える、地域の成長を支え街を元気にする、ひいては日本経済全体を支え国を活性化する、といったことのできる場所だと思います。日々数字と向き合うばかりだと、その先のお客様、地域、日本は見えにくくなりますよね。

　融資渉外は、お客様のお顔を拝見しながら直接やりとりができる仕事です。つまり、お役に立てていることを"実感"できる、女性にとっても素敵な仕事だと思いますよ！

ケース 2

「ゆとり世代」女性の育成術

～男性との違い、評価の仕方、褒め方・叱り方～

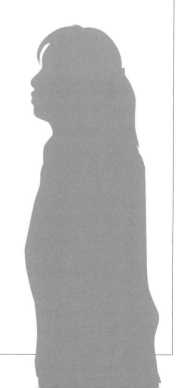

Case02　4月12日（水）9：16　川藤次長のデスクにて…

川藤さん、私、融資渉外としてまず何をしたらよいですか？

上杉さん

川藤さん

そうだね、一番大切なことは、
お客様のことを理解すること！
担当する取引先のことをよく理解すること！だね
まず、明日訪問する取引先のことを、よく調べておいてね

はい！承知しました。ご指導ありがとうございます！

ところで……
川藤さんは、どんな資料を見るのですか？
川藤さんは、何を調べて行くのですか？
川藤さんは、過去にどんな……!?

おいおい！上杉さん。返事は素直で素晴らしいけど、
全部私に聞けば良いってものではないよ～
取引先のお役に立ちたいと思ったら、
例えば取引先のホームページを見るとか、
過去の稟議書を見るとか、
現在、当行とはどんな取引があるのかとか、
自分で考えて、いろいろ調べてごらん！

はい！承知しました！
ホームページと過去の稟議資料ですね！

まぁー……そうだね。それ以外にも……ね

最後にもう1つだけ、質問してもよろしいでしょうか？

おっ！やる気出てきたかな？
何だい？何でも聞いてごらん！

ケース2 「ゆとり世代」女性の育成術

> 明日訪問する企業って、何やっている会社でしたっけ?

> 当行がメインバンクでしたっけ?

> こらっ! それも含めて、自分で調べておきなさい!
> 質問も1つと言いながら2つだしっ!
> 人生に成功マニュアルがないように、
> 融資渉外にも成功マニュアルなんてないんだよ!

解説 「最適な答えがすぐ見つかる」と考える世代ゆえの対応を

　ゆとり世代(図表2-1参照)の行職員は、短期的に答えを求めて、自分で考えることが苦手? だと言われることもあるようです。
　もちろん、全員がこの傾向にあてはまるわけではないのですが、
　　　　　「教えてもらうのが当たり前」

図表2-1　ゆとり世代とは

1987年以降	誕生
1992年	小学生時代 個性を活かす「新しい学力観」導入 インターネットの普及
2002年	高校生時代 指導内容の3割削減　完全週休2日制導入
2008年以降	大学卒業・入社

※実際は、「ゆとり教育」は1980年度から段階的に導入されています。
　そのため明確な年齢定義はありません。

「答えがあるのが当たり前」
　　　「ノウハウ、ルール、マニュアルがないと行動できない」
という人も、やはり見られる様です。
　こうした「ゆとり女子」世代の特徴を踏まえて、指導したいものですが、「ゆとり女子」を理解するために、別の言葉で表現すると、
　　　「インターネット女子」
　　　「デジタル女子」
と表現することができるかもしれません。
　学習指導要領の問題よりも、育ってきた背景によって考え方に違いがあるようです。
　例えば、過去にTVが各世帯に普及した時代、「TVっ子世代」と言われる方々がいらっしゃいました。
　全国津々浦々、皆が同じTV番組を見て育ち、地域性がなくなり、画一的な考え方になったという世代です。
　そのあと、「ゲーム世代」と言われる方々がいらっしゃいました。
　近所の子供たちと外で遊ばずに、家でゲームをして育った世代です。
　世代間のコミュニケーションが断絶した世代と言われます。
　そして「インターネット女子」は、
　　　物心ついたころからインターネットが普及していた
　　　何でもネットで調べれば答えがある
　　　即座に最適な答えが見つかる
ことに慣れている世代です。
　キーワードは「ググる」（グーグルで検索する）と「コピペ」（コピー&ペースト：貼り付け）です。
　ゆとり世代以前も、若手の頃は「学ぶは真似ぶ（まなぶはまねぶ）」として先輩の真似（コピー）から始めていた方も多いはずです。ただ、ゆとり世代以降は、他人の真似をしてコピーをするまでは得意ですが、
　　　ゼロから自分で考えることが苦手

図表2-2 「ゆとり女子」の特徴と育成法

〈特徴〉
1. 全て与えられると信じている
2. 何でも答えがあると考えている
3. 個性重視・好きな仕事がしたい
4. 短期的なキャリアを求める

〈育成法〉
1. チャレンジして自ら勝取る教育
2. 無から仕事を生み出せる教育
3. 自らの可能性を探索する教育
4. OJTによる長期的な育成

としている方が多いようです。

しかし、融資渉外という仕事は、いつも最適な答えがあるわけではなく、調べて答えがあるものでもありません。

上司としては、簡単な仕事からでよいですので、自分で考えて行動することを、「ゆとり女子」に教育していく必要があるかもしれません（図表2-2参照）。

ステップアップ指導の着眼点

▶「長期的なOJT」と「承認欲求」で育てる！

「ゆとり女子」を育成するためには長期的なOJT教育が必要です。

先に指摘した特徴のほか、

　　自ら提案、チャレンジして自らの「存在」を主張するということが苦手

という面もあるようです。

しかし、上司としては、「ゆとり女子」を従順な「傍観者」にしてはいけません。

さまざまな仕事を積極的チャレンジさせながら長期的に育てていく必

要があります。

そのために、

　　　あなたは非常に「大切な存在」でいつも気に掛けている！

ということを理解してもらう必要があります。

そこで、以下では「ゆとり女子」が自発的に行動した際にぜひ活用してほしい、

　　　承認のスキル

について紹介します。

▶３つの承認ステップが成長につながる

　承認のスキルには、３つのステップがあります（図表２-３参照）。

①**存在を承認する**

　これは、具体的には「挨拶」「声掛け」などが該当します。

　　　あなたも融資渉外のメンバーである

ことをしっかりと認識させます。

　したがって、他のメンバーと同じように挨拶することが大切です。

　ここで気を遣いすぎて、「一人だけ声掛けしない」「呼び方を変える」などとすると、疎外感を与えたり、セクハラになったりしますので注意が必要です。

図表２-３　承認のスキルの３つのステップ

②変化を承認する

次に変化を承認します。一番良いのは、

　　　だんだん解ってきた

　　　以前と比べてできてきた

と伝えることです。

他人と比較されるのはＮＧですが、過去と比べて良くなったと言われるのは悪い気はしないものですね。

なお、髪型や化粧、身だしなみ等の変化をあまり強く表現すると、セクハラになることもありますので、上司は注意したいところです。

③成果を承認する

何か１つでも成果が出たら、その成果を承認してあげてください。

具体的なアクションとしては、「誉める」ことが重要です。

ここでのポイントは、

　　　成果、仕事、行動を誉める

ことです。

本人を誉めると、またセクハラになりがちです。

男性の上司にとって、女性部下に気を使って、認めてあげることも重要ですが、セクハラ・パワハラ等にも注意が必要です。

難しいですが、しっかりとした配慮を心がけてください。

先輩 女性融資渉外からの1ポイント・アドバイス

　私の1年目を思い出すと…少し慣れた頃、よく分からないけど取りあえず聞いてみようかな、なんていうとき、先輩がいないんですよね。当時は、教えてほしいときに限っていてくれない！と思っていましたが、今となっては、ありがたいことだったな〜と思います。

　まずは、先輩方をよ〜く見て、何を話してどう行動しているか、聞く前に知っておくのがおすすめです。「考えてから、調べてから聞きに来て！」と言われないように、忙しい先輩に質問できる貴重な時間は、見ていても分からない、どうしても聞かなきゃいけない内容のためにとっておきましょう。ぜひ、自分なりの答えを用意しようと頑張ってみてください。私も、初めは、なぜ？を分析して、どうしたら？ を想像するだけでも、とても大変でした。でも、まずは自分で考えるクセが付いていると、状況の変化に強い対応力を身に着けることができるそうですよ。もう学生ではないので、自分で考えましょう！

ケース 3

女性部下の戦力分析編

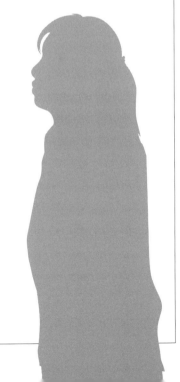

Case03　5月9日（火）10：14　共有キャビネット前にて…

川藤さん

> 上杉さんも、ずいぶんと動きが良くなってきたね！
> 取引先の社長が、上杉さんのことを誉めていたよ！
> いろんな資料を、きちんと説明してくれるって！

> 本当ですか！ありがとうございます。もっと精進します！
> 今後とも何卒よろしくお願いいたします！

上杉さん

> 上杉さんは本当に挨拶が素晴らしいね〜。礼儀正しいね〜
> ところで、取引先に提案する時に、
> お申し込みに必要な書類も説明したよね？

> あっ！そういえば、書類って何が必要なんでしたっけ？

> えっ！知らないの？
> すごくよく説明ができていると聞いたから、
> きちんと知っていると思ったのに！
> 徴求書類も知らないで説明してきたの〜？

> 後から調べればよいと思って……すみません
> 大変申し訳ございません……

> いいよ、いいよ、知っていることと、できることは違うからね
> 知っていてもできないことはあるし、
> 知らずに、偶然できてしまうこともあるよね
> でも、しっかり知識を持って、きちんと提案できて、
> それを継続するモチベーションもなければ、
> 一人前の融資渉外にはなれないよね！

> はい、承知しました！
> 川藤さんみたいになれるよう頑張ります！

> も〜。上杉さんは調子いいな〜

解説　基礎知識のなさが露呈してしまうことのないように

　女性融資渉外を部下に持ったら、まず最初に行うことは、ズバリ、
**　　　能力分析**
です。

　　　何を知っていて、何ができて、何をしたいのか？
　　　融資係等を経験しているのか？
　　　テラー（窓口）しか経験していないのか？
　　　外回りはしていたけれど個人だけだったのか？
　　　決算書は分析できるのか？
　　　手形貸付と当座貸越では何が違うか理解しているか？
これらを一つひとつ確認しなければいけません。

　男性行職員と違い、預金⇒為替⇒融資⇒渉外等というステップを踏んでいない方も多いからです。

　特に、取引先のお客様に可愛がられて、いろいろと話が進んで来た頃が要注意です。

　せっかく信頼されても、基礎知識がないことが露呈してしまっては台無しです。

　上司の教え方としては、

　　　　①**知っているか**　（基礎知識の確認）
　　　　②**できるか**　　　（技能の確認）
　　　　③**やる気があるか**（態度の確認）

の順番で行うことがよいでしょう（図表3-1参照）。

　知らないのに、ビギナーズラックで偶然うまくいったとしても、それが次回も通用するとは限りません。

　必ず、知識⇒技能⇒態度の順番で指導するのがよいでしょう。

図表3-1　指導の適切な順序

ステップアップ指導の着眼点

▶女性融資渉外が求めているのは基礎知識

　著者は、全国地方銀行協会や各地の金融機関で実施している女性渉外向け研修会で、さまざまな調査をしています。

　その中で、
女性渉外担当者（受講者）は、何を教えてほしいのか？
という質問についてヒアリングした結果、圧倒的に多かった意見は、

　　　　1位　融資業務の基礎知識　51％
　　　　2位　営業渉外活動の基礎マナー　31％
　　　　3位　取引先とのコミュニケーション術　18％

図表3-2　女性渉外が学びたい知識

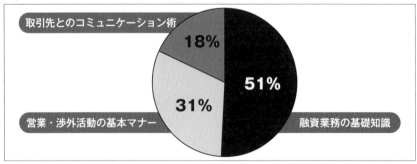

でした（図表3−2参照）。
　特に、「融資業務の基礎知識」については、
　　　　　他の法人営業担当者に、今更聞けない…
　　　　　そんなことも知らないのかと見下される…
　　　　　やっぱり私たちには無理かも…
などという消極的な意見も多く見られました。
　上司としては、金融機関の行職員としてあたりまえだと思っていることでも、
　　　　　自身の初心に帰って一から教えてあげる
必要があるようです。
　また、上司によるＯＪＴだけでなく、自発的な学習を促す通信教育や研修会に行かせてあげるのもよいでしょう。
　ＯＪＴ・Off−ＪＴ・自己啓発をうまく組み合わせて、知識の補充をしてあげられるとよいのではないでしょうか。

先輩 女性融資渉外からの1ポイント・アドバイス

　取引先でご説明することも増えてきましたね。実際の手続きだけでなく、融資業務の全体の流れは確認しました？
　今、取引全体のどの部分で、これは何のためのやりとりなのか、一部分だけでなく全体像をしっかり理解しておくとよいですよ。お客様へのご説明の仕方も工夫できるし、ご質問がありそうな点の事前準備もできます。ついつい直近の資料のことばかり考えてしまいますけど、いきなりご質問されるよりも、一度気にしておいたほうが安心しませんか？
　上司や先輩は、あなたが「ここ、よく分からないな…」と不安に感じていること自体を知らないかもしれません。私も、今さら聞けない〜と分からないままにしていたせいで、「こんなことも教えてないのか！」と、先輩が上長に怒られてしまったこともあります。いつだって、「今」が一番未熟なとき！　後になるほど聞きにくくなりますから、思い切って確認しましょう。
　融資渉外初心者でも、金融機関の代表です。自身の業務は、お客様より詳しく、自信を持ってお話ししたいですよね。

ケース **4**

上司と一緒に学ぶ！
今さら聞けない営業マナー編

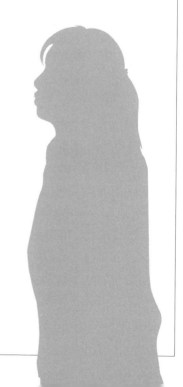

Case04　5月19日（金）14：56　取引先からの帰り道にて…

川藤さん

上杉さんも、融資渉外として、ずいぶん営業に慣れてきたよね！ 立派だね！
そろそろ新規取引先なんかも、担当してみようか？

はい！ありがとうございます
どんどん新しい取引先へ訪問します！

上杉さん

そういえば、事務をしていたころと違って、営業活動に出ると、あっという間に名刺がなくなるものですね

そうだね〜。おっ！ 素敵な名刺入れを持っているね〜！

ありがとうございます！
でも、少し派手じゃないですかね!?

全然大丈夫だよ！ それよりも……名刺入れのどこに、お客様の名刺を入れてるの？

えっ！ たくさん入るほうにお客様の名刺を入れてますけど…電話するときに便利だし…

じゃあ、名刺交換した時に、お客様の名刺は、机のどちら側に置いているの？

私、右利きなので、邪魔にならない左側ですけど…何か？

う……ん。今さら聞きにくいと思うし、
気がつかなければずっとそのままだけど、
名刺入れやカバン、コート、席次、出されたお茶、等
最低限のマナーは、
やはり、一緒に勉強しておこうか

> 私、間違っていますか!?
> 大変失礼しました。一から勉強し直します！

> いいよ、いいよ。私も知らないことも多いからね
> 一緒に確認していこうね！

解説 入社時のマナー研修から時間が経っている人も多い

女性の融資渉外担当者にとって、ビジネスマナーというのは、
　　　いまさら聞きにくい内容
のようです。

入社した際にマナー研修は受けていると思いますが、それ以来、まったくお客様に接することがなく、行庫内で事務作業をしていた方にとってはなおさら、忘れてしまっていることが多いものです。

しかも、上司・先輩たちもしっかりできているかと言われると……自信がない方も多いのではないでしょうか。

ビジネスマナーの本当に怖いところは、マナーを知らない人にとっては気にならないけれど、
　　　しっかりマナーができているお客様にとっては非常に気になる
ということです。

「あっ！　俺の名刺をそんな風に扱いやがって！」
「そんなことも知らないのか!?」
「こいつわざとか！　知らないのか!?」
などと、不快に思う取引先も多いはずです。

しかも、そのようにしっかりとビジネスマナーができているお客様は、立派な企業にお勤めの方が多く、金融機関の行職員が多少失礼なマナーを行っても、あえて注意することはありません。

　　　　　心の中で、「失礼な銀行員だな」と思うだけ
です。
　女性の融資渉外担当者のビジネスマナーは、上司がきちんと指導して
あげる必要が、やはりあるでしょう。

ステップアップ指導の着眼点

▶これだけは押さえておきたいビジネスマナー

① **挨拶**

　お客様に対するご挨拶、お辞儀の仕方は、「会釈」「敬礼」「最敬礼」
があります（図表4-1参照）。
　もちろん、最敬礼をして深々と頭を垂れる姿は、ビジネスパーソンと
して美しいと感じます。
　そして会釈は15度、敬礼は30度、最敬礼は45度などと習ったことがあ
ると思いますが、しかし、実際には「ぴったり30度！」なんてことはあ

図表4-1　お辞儀の種類・形・使い分け

種類	会釈	敬礼	最敬礼
形	15° 目は相手の膝頭を見る	30° 目は相手のつま先を見る	45° 目は相手のつま先の1m先を見る
使い分け	やや遠方より行うごく軽いお辞儀	訪問時の挨拶等	感謝の気持ち等、敬礼よりも強い

りませんし、相手も「今の挨拶は28度だから失礼だ！」なんていう人もいないことでしょう。

押さえておくべき、挨拶のポイントは、

　　　語先後礼と静止時間

です。

「語先後礼」というのは、言葉を先に発してから礼（お辞儀）を後でするということです。

　　　しゃべりながら動くよりも、しっかりした印象

があります。

また、挨拶をした時に、頭を下げたまま「ピタッ！」と静止している時間が長いほうが印象も深くなります。「静止時間」とはそういうことです。

「相手よりも先に頭を上げない」なんていう方もいますので、参考にしてください。

② **名刺交換**

次に名刺交換ですが、まずは名刺入れの扱いについては、名刺入れのたくさん入るほうに、自分の名刺を入れて、少ないほうにお客様の名刺を入れましょう。

そうすると、名刺入れを閉じたときに、お客様の名刺が自分の名刺の上に乗ります。

また、名刺入れの中の名刺を電話帳？　さながら、トランプカードのように分厚く束ねているのは失礼と感じる方もいらっしゃるかもしれません。

また、交換した名刺をテーブルの上に置く場合は、右に置くのではありません。左に置くのでもありません。もちろん中央でもありません。

　　　お客様の名刺というのは上座側に置く

のです。

そうすると、実際にお客様も上座に座っていらっしゃいますから、お客様の座席位置と名刺の位置が同じ方向にそろいます。

③　**席次**

　席次については、当然お客様が上座に座りますが、金融機関の行職員が取引先へ訪問した際に、「奥へどうぞ」「上座へどうぞ」と上座を勧められることがあります。

　この場合は、「わざわざ足を運んでくれたのだから」という、
　　　　お客さまからの好意によるもの
だと考えてください。

　金融機関のほうが立場が上だと勘違いしないようにしてください。

　当たり前に、上座に座るのではなく、一言、「ありがとうございます」「恐縮です」などと、きちんと礼を払ってください。

　そのほかにも、カバンを隣の椅子の上に置いてしまう方、コートを座席の背もたれにかけてしまう方など、マナーの悪い金融機関の行職員は、残念ながら数多くいます。

　あなたの部下である、女性融資渉外担当者が、見えないところで失礼な対応をしてしまわないか？　上司も基本の振り返りを考えて、きちんとチェックして、一緒に学ぶぐらいのつもりで指導する必要があると思います。

ケース4　上司と一緒に学ぶ！　今さら聞けない営業マナー編

・・・**先輩** 女性融資渉外からの**1**ポイント・アドバイス・・・

　マナーは、私たち女性融資渉外にとって、頼もしい味方です。深い知識や専門性でお客様に価値を提供できる先輩と違うので、まずは誠実さ、懸命さをお客様にお伝えしたいですよね。

　マナーはなんと、「あなたを尊敬・尊重しています」「大切にしている価値観が同じです」を具体的に行動で表すことができます。また、初めにきちんとしたマナーを守ることで、お客様が信頼してくださると、慣れないせいで遅い行動も「丁寧」「慎重」と捉えていただけるかもしれません！

　必ず守るべき、破ると罰のある『ルール・規則』と違って、『マナー』は守ることによってお相手からの評価につながります。金融機関の女性行職員だからこそ、期待されている品格を損なうことなく、「これが正しいマナーなんだ！」という自分基準よりも、「お客様が心地よく感じてくださるか」という相手基準を大切にしたいですね。

ケース 5

モチベーションアップに
つながる誉め方・叱り方

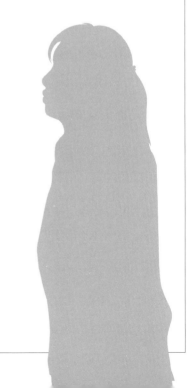

Case05　6月1日（木）11：03　支店の階段にて…

川藤さん

> 上杉さん！ 今日、訪問するお客様の手形は準備できた？

> あっ！ すみません。忘れてました…

上杉さん

> えっ！ しょうがないなー。すぐに手配してね
> 念のためだけど、銀行取引推移表と増加運転資金の
> 相談シートは準備できているよね？

> それも…今から準備します…

> 上杉さん、どうしたの？ あなたのように能力が高く、
> 誠実でしっかりしていて、
> 将来はうちのエースになれる人だと期待しているのに、
> 最近ミスが目立つよね!?
> 上杉さんらしくないよね？ 何か悩みでもあるの？
> 力になれることであれば相談に乗るよ？

> 川藤さん！ すみませんでした
> 最近ポカミスが多くて…
> しかも運転資金の計算も分からない所があって……

> てっきり怒られると思っていたのに、
> 心配してくださってありがとうございます！
> 私、メラメラと、やる気の炎が燃えてきました！
> 今後は、手を抜かず、サボらず、一生懸命やります！

> そうか！ 頑張ろうね。上杉さんなら、この銀行の
> 女性活用推進に革命を起こせるよ！
> みんな期待しているからね！

ケース5　モチベーションアップにつながる誉め方・叱り方

解説　「存在」を誉める・認めることが非常に重要

　女性融資渉外の担当者を、誉めたり・叱ったりする場合には、男性と違い、若干注意が必要です。

　女性の場合は、「女性融資渉外」という存在自体に不安を抱えていることが多いですから、

　　　　存在を否定するような注意の仕方

はよくありません。

　図表5-1にあるように、誉めるときには、

　　　　仕事の内容を誉められることも嬉しい

ですが、女性融資渉外としての、

　　　　存在自体（能力・姿勢・態度）を誉められることも、
　　　　もちろん嬉しい

ということを意識すべきだと考えます。

　叱る（注意）するときには、仕事内容を注意することは、仕事を間違えていれば仕方がないですし、ある程度の納得感もありますが、存在自

図表5-1　「誉める」「叱る」の着眼点

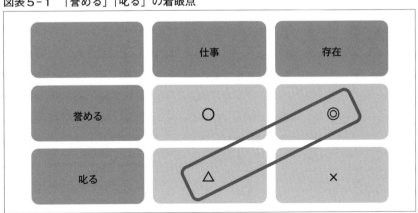

体を否定されると融資渉外としてやっていけるか不安になってしまいます。
　では、どうするべきかというと、
　　　　　　存在はしっかり認めてあげて間違った仕事を注意する
のです。
「あなたは素晴らしい！」「期待している！」「しっかりしている！」「能力が高い！」などと、
　　　　　　しっかりと存在を誉めてあげてから、
「それなのに、この仕事はどうしたの⁉」「駄目じゃない！　あなたらしくないじゃない！」と、
　　　　　　仕事内容を注意
してください。
　このようにすれば、それほど精神的に傷つかない可能性が高くなります。
　逆に、存在をめちゃくちゃ否定してしまった後に、取り繕うように仕事内容を誉めても逆効果となります。
　　　　　　人格否定された
　　　　　　パワハラされた
ということにもなりかねません。

ステップアップ指導の着眼点

▶モチベーションの上がる誉め方とは
　上司が急に、女性融資渉外担当者を誉めだした場合、
　　　　　　「うそくさい」
　　　　　　「歯の浮くようなお世辞」
となる（捉えられる）可能性もあります。
　普段誉め慣れていない方が、急に相手を誉めようとしても意外と難し

図表5-2　ウインザー効果

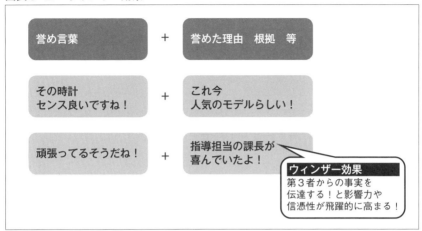

いものです。
　そんな時に使えるテクニックが、「ウインザー効果」です（図表5-2参照）。
　これは、直接の意見であるよりも、
　　　　第三者からの意見、口コミのほうが効果が大きい、
　　　　信じやすい
という心理テクニックです。
　具体的には誉め言葉の後に、理由や事実を付け加えましょう。
　そこに「ウインザー効果」を織り交ぜるのです。
　例えば、
「上杉さん、頑張っているね！」（誉め言葉）＋「支店長が誉めていたよ！」（第三者からの情報）
「上杉さん、いつも礼儀正しいよね！」（誉め言葉）＋「どうやら取引先の社長がお気に入りらしいよ！」（第三者からの情報）
などです。

図表5-3 「誉める」と「叱る」上手な方法

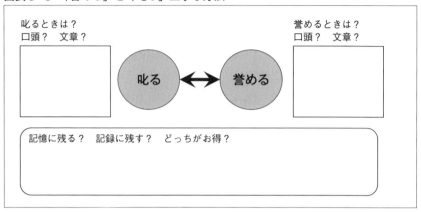

こうしたほうが、女性融資渉外にとって、信憑性も高くなりますから、非常に大きなモチベーションアップにつながるはずです。

また、上司にとっても、直接誉めるという行為は、少し照れくさい、恥ずかしい、という面もありますので、

　　　　第三者の意見として伝えることは都合がよい

ものです。

女性融資渉外にとっても、上司にとっても、素晴らしい誉め方ということです。

▶誉めるは文字で、叱るは口頭で

誉めるときは、口頭がよいでしょうか？ 文章がよいでしょうか？
叱るときは、口頭がよいでしょうか？ 文章がよいでしょうか？
関東のある金融機関では、誉めるときは、必ず文字を残すことを徹底しているようです。

なぜなら、

　　　　誉められたほうは何度も読み返せる

からです。

　逆に、きつく叱るときは、口頭にするようです。

　なぜなら、本気度が伝わりやすいからです。

　何かミスを起こした時に、「反省文」「始末書」のように文章に残す会社が多いようですが、これからは、誉めた言葉もしっかり文字に残してみるのもよいのではないでしょうか。

　ちなみに著者も、上司や取引先からのお礼状・お礼のメール等は全て保存していて、辛い時に何度も読み返しています。

　つまり誉め言葉を記録に残すことで、上司のことを好きになってもらえるという副次的効果も期待できる？　かもしれません。

先輩 女性融資渉外からの1ポイント・アドバイス

「こんなに頑張ってるのに、誉めてくれない！」「あんなに怒らなくてもいいのに…」私も、毎日でも誉められたいけれど、残念ながら上長は、家族じゃないし、学校の先生でもないんですよね。あと、何かコメントをいただいたら、誉めてほしい点ではなかったとしても、誉めようとしてくださった事実を喜びましょう。女性部下を誉めるのは、私たちが思っている以上に気を遣うことだそうですよ。

逆に、叱られたときには、「なぜ、何を叱られたのか」に注目しましょう。叱られた事実だけに目が向くと、感情的な振る舞いをして「やっぱり女性はすぐ泣く、すぐ落ち込む、弱い」と思われますし、直すべき点がわかっていないと、また同じ失敗を繰り返してしまいます。

叱られるのは、行動を変えて成長するチャンスです。つらくなったら同期や学生時代の友達で誉めあって、明日からも頑張りましょう！

ケース 6

熱心な指導・セクハラ・パワハラの境界線

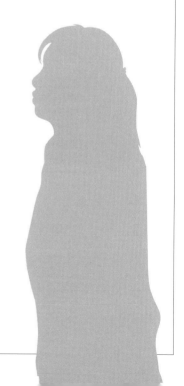

Case06　6月23日（金）17：45　東十条支店　行員出口にて…

川藤さん

> お疲れ様〜！　今週も大変だったね〜！

上杉さん

> 本当にお疲れでした！
> 川藤さん！　金曜日だし、ちょっと相談したい
> ことがあるので、
> 良かったら飲みに行きませんか!?

> おっ！　いいね〜！
> じゃあいつもの焼き鳥屋でちょっと飲んで帰ろうか！

　　　　　※　※　※

> 川藤さん！　実はうちの両親が、
> ……結婚しろ、お見合いしろとうるさくて……

> 川藤さん！　彼氏にこんなこと言われて……

> 川藤さん！　なんで男の人って……

> ちょっと、ちょっと、上杉さん、
> 確かに相談に乗るとは言ったけど、
> プライベートな話だし…
> 仕事帰りのお酒の席だし…
> あまり深い話になるとセクハラにならないかな!?
> 大丈夫？

> えっ！　全然大丈夫ですよ！　彼氏との話も、
> 私はセクハラなんて考えてませんし、
> 相談したのは私ですしね！

> そうなの…だったら良いけど…
> 話題のチョイスも微妙だな〜

> そうですよ！じゃあ、締めにもう一軒！
> ラーメン食べて帰りましょうよ！

> OK！OK！最近よく食べるよね〜
> そういえば配属になった頃より、
> ふっくらしてきたかな…？

> 川藤さん、ひどい!!! そんなこと言うなんて、
> それはセクハラですよ！

> えっ〜〜ごめん、ごめん。も〜女心は難しいな〜

解説　本人が不快と感じるかどうかがポイント

　上司は熱心に指導すればするほど、セクハラ、パワハラ等にも注意する必要があります。
　これは説明するまでもなく、男性の場合とは異なりますので注意が必要です。
　男性の上司にとって問題なのは、セクハラは本人が不快と感じるかどうか？ がポイントである点です。
　そこで、著者が金融機関で個別にコンサルティングや研修会を行う時には、あらかじめ、

　　　　　上司と部下の自己開示シートを作成しておく

ことがあります。
　「あなたとは、どんな内容の話ならばOKなのか」「この話題は、セクハラになりがちですよ」「あなたとこの話題をするのは不快ですよ」ということを、ゲーム感覚であらかじめ決めておくのです。
　これは、一人ひとり異なるので、きめ細やかなケアを必要とします。
　女性融資渉外にとって、「この上司にこの話題はNGだけど、違う上

司ならOK」なんてこともあります。

女性融資渉外は、一人ひとり違うのです。世界に一人だけなのです。

ステップアップ指導の着眼点

▶ セクハラに該当するかどうかは「状況」が重要要素

セクハラへの理解の難しさは、

判断基準が状況により異なる

点にあります。

同じ発言であっても、セクハラになる場合、
ならない場合が存在

します。

業務範囲に相当するか？ に加え、相手との人間関係に照らして該当の言動が受け入れられるか、事前の了解があるかどうか、が重要なポイントとなります。

図表6-1　セクハラに対する意識　チェックリスト

■ 一つでも当てはまるものがあれば要注意！
- □ 1. 部下の家庭環境や異性関係などの詳細情報を知っておくのも、管理のうちであると思う。
- □ 2. プライベートな内容は職場では言いにくいだろうから、部下は飲み会に積極的に参加すべきだ。
- □ 3. 多少の性的冗談にも過剰反応する社員がいるが、敏感になりすぎると職場がギスギスすると思う。
- □ 4. 現状、男性社員が担当する重要な仕事は、有能な女性社員であれば任せられると思う。
- □ 5. 女性社員をデートに誘った部下に対して、「断られても、真剣なら何度でも頑張れよ」と応援する。
- □ 6. 女性社員が声を荒げる、意見を強く主張することに、男性社員が反発するのは仕方のないことだ。
- □ 7. 女性社員に対して、髪型や服装を「女性らしくて素敵だね」など、いつも褒めるようにしている。
- □ 8. ファッションやスイーツは女性の得意分野だから、女性社員に担当してもらうべきだ。
- □ 9. 女性は体力や根性がないから、残業の多い部署、指導の厳しい部署には配置すべきではない。
- □ 10. 来客の際、お客様満足度向上のために、お茶は女性社員に出してもらうべきだ。

▶セクハラ予防の3ポイント

ここでは、セクハラの発生を防ぐために注意したい3点を紹介します。

①職場における性別役割分業意識

「女性だから」という理由での業務配分になっていないでしょうか。

補助的な業務・茶菓応待・花の贈呈、酒宴では座席指定の上、お酌係などになっていませんか。

また、

　　　　　「女性らしさ」の押し付け

にも留意が必要です。

取引先の選定に関して「女性なんだからアパレルが好きでしょ？」と気を遣ってあげたのに、「女性が全員おしゃれ好きという訳ではないのに…」と実は渋々引き受けているということもあります。

女性という特性を踏まえた上で担当させてあげるのであれば、なおさら、

　　　　　ぜひ「あなただから」という理由

を伝えてあげてください。

②職場環境・マナーへの関心の欠如

職場での性的な言動に対する不快感により、女性労働者の就労環境が害されることもセクハラに該当します。

女性部下の身体を執拗に眺める、だけでなく、汗で貼りついたシャツ姿を見せる、なども、性的魅力のアピールにつながるとしてセクハラとみなされることがあります。

発言について、身体的な特徴やプライベートな内容に関して、触れられたくないことは人それぞれです。

　　　　こちらは誉めたつもりが、女性部下は苦痛に感じている

ということもあり得ます。

良い話を広めてあげたのに、悪い噂を流された！　と受け取られることもあるので、
　　　　　　　本人に関する発言には注意が必要
です。
　身体接触に関しても、
　　　　　　　「街中で同じ行動をしても問題ないか？」を基準に振舞う
必要があります。
　なお、「打合せ」など業務を理由に誘うと、女性部下が断れない状況を作りだしてしまいます。
　また、女性部下は、
　　　　　　　「肯定しない」ことで拒否の意思を示したつもり
という場合があります。
　今後の関係を考えて、上司に対して直接ＮＯを言えなかったけれど…には要注意です。

③女性労働者の労働条件における不適切な対応
　セクハラは、大きく２つ、「環境型」と「対価型」に分類されます。
　環境型は②で述べたように、性的な言葉および行動により労働者の就業環境が害されることを指します。
　対価型は、職場において行われる性的かつ不当な要求により、労働者がその労働条件について不利益を受けることを指します。不当な要求とは、例えば、「性的な関係を結べば、高評価にする／望む仕事を与えるなど、対価と引き換えに性的な関係を迫る」や、「拒否した場合には、解雇や異動など不利益な労働条件を適用する」などがあります。
　一方、職場の華で十分、仕事の成果は期待していない、など女性であることを理由に、
　　　　　　　責任ある仕事から遠ざける
　　　　　　　過小な要求をする

こともセクハラと見なされることがあります。
　セクハラ該当可否は、最終的には当事者の状況、受け止め方、平均的な女性の感じ方を勘案して、意に反していたかどうかで決定されます。
　ただし、事前に
　　　　　ここまではOKという話題のファールライン
を引いてあげること、そして、
　　　　　この話題はNGです
と言える関係を築いてあげることで、女性部下は安心して頼れる上司へ相談、業務へ邁進することができるでしょう。

先輩 女性融資渉外からの1ポイント・アドバイス

　職場でのハラスメントは、うまくコミュニケーションがとれないせいで起こりがちです。私たちが「やんわりと断っているのに気づいてほしい」「喜んでハイ！ って言わずに黙ってるんだから、NOだと思わないのかな」と考えているのを男性上司は察してくれませんし、大概のNOは伝わっていません。

　反対に、上司は「男性行員と同じに接しただけなのに、なぜパワハラ？」と感じているかも。訳が分からないから色々気を遣う、女性を教えるのは面倒！ となっては、困りますよね。上司に気を遣わせる前に、明るくファールラインを共有しましょう！

　「お客様に愛想よく接して、好意があると勘違いさせてしまったけど、ノルマもあるし上司に言えない」なんて話も聞きます。でも、問題が起こってからでは、あなただけでなく上司にも迷惑がかかります。言いにくい事情もありますが、必ず早い段階で相談しましょう。そしてまずは、「品格ある女性としての振る舞い」を目指して、「可愛い女の子としての甘え」に気をつけましょう。

ケース 7

ニーズとウォンツを踏まえたコミュニケーション

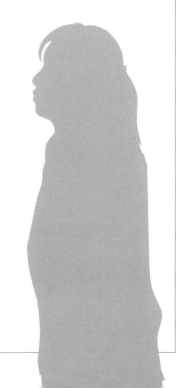

Case07　7月11日（水）16：32　川藤次長のデスクにて…

川藤さん！　川藤さん！　聞いてください！
よいご報告がございます！

上杉さん

川藤さん

何、どうしたの？

A社から5,000万円！
借入のお申し込みをいただきました！

えっ!!　本当！　すごいね〜！
今までメガバンクのM銀行がメインで、
うちからはまったく借り入れがなかった先だよ！
すごいじゃないか！

ありがとうございます！　これも全て、川藤さんの
ご指導のおかげでございます
感謝の言葉もございません。うう……

ははは…。いつも以上に丁寧だね…
ところで資金使途は何？　先方の商売上のニーズは？

はい！　先日、先方の経理部長と３時間近く、
いろいろ話をしてきたんです…
最初は何言ってるんだろう。この人は話が長いなーと思っ
ていたんですが、いろいろ聞いているうちに、
どうやら新たな店舗を出店する計画を聞き出せたのです！

すごいじゃないか！　先方のニーズを
聞き出せたことも素晴らしいし！
何しろ、３時間も先方と話ができる
コミュニケーション力がすごいね！

> 川藤さんはせっかちですものね〜
> あっ！失礼しました

> こらっ！調子に乗るな！
> 今から3時間、長〜い説教をしてやるぞ！

> ふふふ。今日は早帰りデーなので
> 勘弁してくださ〜い！

解説　ゆっくりとした営業時間が女性にとって武器になる

　著者自身が起業・会社経営をしていた時にも、数多くの銀行員が著者の所へ来てくださいました。

　しかしその当時は男性の銀行員ばかりで、どうしても本音で悩みを相談しにくかった記憶があります。

　男同士と言うのは、プライドがあり、見栄を張るものなのです。

　そして、女性営業の部下を持って、分かったことがあります。

　それは、

取引先にとって、男性の営業担当者には言いづらい悩みや、愚痴、相談事も、女性融資渉外には、意外と言いやすい

ということです。

　女性ならではの優しい話し方や聞き方が、取引先にとっては、見栄を張らず、素直に悩みを話せることもあるということです。

　また、女性のなかには、お茶をしながら、ランチをしながら、男性には理解できないぐらい長い時間おしゃべりをすることができる方がいらっしゃいます。

　女性融資渉外が備えているコミュニケーション能力を十分発揮できるように、上司は、

ゆっくりとした営業時間を与えてあげる

と良いですね。

ステップアップ指導の着眼点

▶本当のニーズと具体的なウォンツ

若手の女性融資渉外のなかには、短期的に成果を求める「ゆとり女子」も含まれています。

そうなると、取引先の本来のニーズをきちんと把握せずに、表面的なウォンツだけを聞いて満足してしまうこともあるかもしれません。

融資渉外を例に、取引先のニーズとウォンツを整理してみます（図表7-1参照）。

ニーズとは、本来的な目的であり、金融機関から資金を借りてどうしたいのか？ その取引は何のためにするのか？ といったことです。

ウォンツとは、具体的な手段であり、当座貸越契約がしたい、長期に切り替えたい、などというニーズを満たすための手段です。

取引先からすれば、経営理念という目的があり、商売を拡大したいという願望があり、金融機関から金を借りるということ自体が、それらを実現するための具体的な手段である可能性もあります。

すなわち、取引先からすると、投資ファンドから出資してもらうか？

図表7-1　ニーズとウォンツ

> 事例
>
> ある取引先が、ビジネスマッチングの資料を見せて欲しいと電話してきました。
>
> - ニーズとは……本来の目的　＝　取引先を紹介して欲しい？
> - ウォンツとは…具体的手段　＝　資料を見たい　マッチングに参加したい

社債を発行するか？ 助成金を申請するか？ それとも金融機関から借りるか？ ということになるのです。

女性融資渉外は、「運転資金」「設備資金」「短期借入金」「信用保証協会付」等の表面的な言葉しか確認していない可能性もありますので、

　　　そもそも何のために資金を借りたいのか？
　　　本当の資金使途は何か？
　　　取引先にはどんなニーズがあるのか？

を、じっくり聞いてくるように指導してあげてください。

▶ 相手に即した提案等ができることが重要

取引先の規模や業種等によっても、ニーズはまったく異なります。

コンビニでスイーツを販売する例で考えてみましょう（図表7-2参照）。

若い女性をターゲットに、6個パックで売っているとします。しかも

図表7-2　合理性のわな！

> いちご大福　6個をパック詰めにして販売した。しかし思うように売れない。売り方を単体販売にした途端に売れるようになった。
>
> ◆　売手の発想
>
> 「パック詰めは楽で　まとめて安く売ればお客様にもお買い得感を持ってもらえる」
> 「安く買えるのに　何が不満なんだろう？」
>
> ■　買手の発想
>
> 「6個もあったら　食べきれずに腐ってしまう」
> 「必要以上に買わされる」
>
> 買手は誰？
> 商品特性は？
>
> 売手の合理性は、買手の不合理になることがある。

ドリンクもセット割引です。しかしまったく売れません。

売手の発想としては、「まとめて売ることで、お買い得にできるし、こちらとしても手間が省けるし…」ですが、買手の発想としては、「そんなに要らない！ 余計なものまで買わされる…」といった感じです。

相手が、若い女性なら、「1個だけ！ 1口だけ！ 食べたい」というニーズに応えてあげるべきなのです。

これがもし、相手を「大家族の主婦」とするなら、6個パックどころか、10個パックでもよいかもしれないのです。

金融機関の行職員も同じです。取引深耕等と銘打って、さまざまな関連取引のキャンペーンを行いますが、お客様にとっては、

**　　　　不要な取引までセットで提案されると迷惑**

なこともあります。

取引先の規模や業種等をきちんと把握して、余計なものまで無理やり売り付けないように、しっかりと指導してあげてください。

先輩 女性融資渉外からの1ポイント・アドバイス

　尊敬する上司や憧れの先輩の融資渉外の姿を見ると、私も同じようにお客様へ提案したい！ と思いますよね。しかし、お客様のニーズも把握しないまま提案ありきで話を進める「押し売り渉外」や、表面的な言葉に反応した「早飲み込み渉外」には気をつけましょう。また、先輩みたいにできないからお役に立てていない、と落ち込む必要もないみたいです。

　今のあなただからこそ、お客様の期待に応えられることもあるかもしれません。私も、お客様は「銀行員の専門的な知識」をご要望に違いない！ と思い込んで、たくさんの資料を持参したら、実は「若手行員の手間とスピード」に価値を感じてくださっていた！ なんてこともありました。

　お客様はニーズを直接伝えてくださるとは限りませんから、まずは、お客様の期待を理解するためにも、じっくりとお話をうかがいたいですね。お客様とお話ができるように、別の企業様の似た事例や、業界のニュースなど話題の選択肢を増やしておくなど、まだまだ勉強は必要ですね。

ケース **8**

キャリアビジョンと育成計画

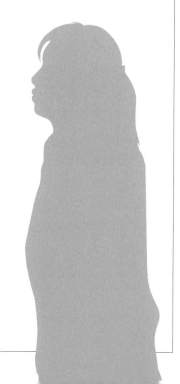

Case08　8月4日（金）15：14　資料印刷中のコピー機前にて…

上杉さん

> は〜。お疲れ様です……

川藤さん

> お疲れ様！ どうしたの、上杉さん
> なんだか元気ないね？

> 最近、仕事には慣れてきたんですが、
> ずっとこの仕事続けていけるかな〜って
> 悩んでいるんです
> ちょっとマンネリ化してきたのもあるんですけど…
> 私、ちゃんと成長しているのかな〜って不安になりますし、
> 先輩たちみたいに、バリバリ働いて支店長になりたいって
> いうわけでもないですし…

> そうか、一度きちんとキャリアビジョンについて
> 話し合うのも必要かもね

> キャリアビジョンですか？

> そうだよ。キャリアビジョン
> 上杉さんはこの数カ月ちょっとで、ものすごく成長しているし、
> 私が転勤した後、取引先を任せられるのは上杉さんしか
> いないと思っているよ！
> できれば、上杉さんを女性管理職として育てたいとも
> 思っているしね！

> そうなのですか！ 全然想像がつきませんよ〜

> 今度の面談の時に、支店長も交えて話してみよう！

> はい。承知いたしました。いつもご配慮いただき
> ありがとうございます
> よろしくご指導お願い申し上げます！

> ははは…。しかし上杉さんが私の部下で本当によかったよ

> 本当ですか？

> ああ。上杉さんが女性管理職になって、もし私の上司だったら、言葉遣いや礼儀に厳しくて、うるさいかな～？って思ってね

> もう!! 川藤さんはいつも一言多いんですよね！

解説　時代に即した「キャリアビジョン」形成を

　著者は、もともと銀行員ですが、様々な業界の、数多くの企業で人材育成コンサルティングを行ってみたところ、金融機関はキャリア形成に関する教育が若干不足かもしれない、と感じています。

　昇進・昇格等の面談はもちろんありますが、個人個人のキャリアについて、一緒に考えるという風潮が少ないのかもしれません。

　若手行職員に対する、現場での育成・キャリア形成についても同様です。

　ＯＪＴリーダー・トレーナーと交換日記のようなことをしている金融機関は多いのですが、育成計画、キャリアビジョンを一緒に考えるということは少ない気がします。

　目標管理制度等のフォーマルなしくみでは対応しきれないほど、
　　　　　個々人の価値観やキャリアビジョンは多様化
しているのです。

ステップアップ指導の着眼点

　女性行職員のキャリアビジョンは、男性行職員よりもさらに選択・検討事項の多いものです。つい、前の若手と同じ育成内容、育成計画になりがちですが、ぜひ、部下一人ひとりを見てあげてください。

　人材難が進む現代こそ、戦略的な育成計画・指導育成プランが求められます。図表8-1（育成計画シート）を用いて見ていきましょう。戦略的育成のためには、いきなり育成手段の検討！ではなく、まずは「部下の未来のあるべき姿」（こうありたいという理想像）を共有するところから始めましょう。女性の場合は5年、10年先にはライフイベントにより環境が変化している可能性もありますので、長期的なキャリアも重要ですが、短期的に考えていくことも大切です。

　そして、次は現状分析です。強みや今後の課題について、あるべき姿

図表8-1　育成計画シート

やまと銀行　女性融資渉外育成計画		
女性融資渉外の1年後のあるべき姿	女性融資渉外の現状	女性氏名 上司氏名
	強み	
	今後の課題	

【あるべき姿実現のための指導育成計画】　　予定 → 　実際 →

要点項目	1年後の到達ゴール	ゴール達成のための具体案	月	月	月	月	月	月	月	月	月	月	月	月
渉外活動 ルール確認		上司との帯同営業												
		取引先の引継　担当先決定												
		渉外活動計画作成　渉外活動実施												
融資知識の習得		融資事務の確認												
		財務知識習得												
		簿記、経理、検定試験等												
営業力強化		ヒューマンスキル　マナー確認												
		コンサルティング機能												
		その他（マーケティング計画　事業計画　資金計画）												

【結果と反省】　※上段は新入社員、下段は上司が記入（毎月末）

図表8-2　戦略的育成計画　指導育成プランの作り方

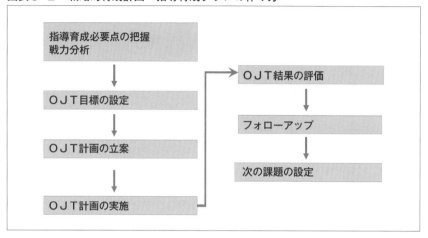

との差（指導育成必要点）を、部下の戦力分析により把握します。あるべき姿を実現するために、あるべき姿の要素を分解した上で、重点項目を抽出します。

　重点項目が決まれば、それぞれについてOJTによる目標（到達ゴール）の設定をします。ここまできたら、ゴール達成のための具体策（いつ、どうやって）としてOJT計画の立案です。あとは、計画を実施しながら、成果と反省を振り返り、フォローアップをしながら、次の目標・課題を設定し成長を促していきます（図表8-2参照）。

▶キャリア形成に関する知識
　ここからは、キャリア形成に関する知識をご紹介していきます。

① キャリアアンカー
　心理学者のエドガー・ヘンリー・シャイン（Edgar Henry Schein）によると、「キャリアの碇＝キャリアアンカー」とは、連続したキャリア

を歩んでいくうえで「碇（いかり）」となる、不変の価値観や考え方であり、言うなれば、

　　　　　　キャリアにおける「自分らしさ」「軸」

とも呼べるものです。

　このキャリアアンカーには5つのタイプがあり、

① 技術的・職能的能力

② 管理的能力

③ 保障・安定

④ 創造性

⑤ 自立・独立

に分類されます。

　部下の女性融資渉外が、このうちどのタイプのキャリアアンカーにあてはまっているのかについて、よく考えてあげることが重要です。

　例えば①が強い方は、

　　　　融資渉外としての専門能力をどんどん高めていくように
　　　　育成するべき

ですし、②が強い方は、

　　　　将来の管理職の可能性も見据えて、育成するべき

ですね。

②ジョハリの窓

　キャリア形成については、サンフランシスコ州立大学の心理学者ジョセフ・ルフト（Joseph Luft）とハリー・インガム（Harry Ingham）が発表したジョハリの窓を使って考えてみるのもよいでしょう（図表8-3参照）。

　ジョハリの窓とは、「自分に分かっているか否か」「他人に分かっているか否か」を軸に、自己を4つの窓（カテゴリー）に分類したものです。他人から見た客観的な自己と、主観的な自己との関係から、自己への気

図表8-3　ジョハリの窓

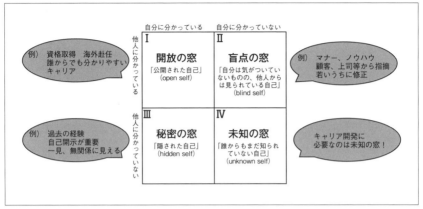

づきを得たり、円滑なコミュニケーションに活用するなど様々な利用法のあるモデルです。

4つの窓を用いて、キャリア形成について見ていきましょう。

イ．開放の窓（公開された自己、open self）：自分も他人も知っている自分

自分からも、他人からも分かりやすい部分を「開放の窓」と言います。

一番分かりやすいキャリア形成であり、若手の頃は、ここからスタートするのがよいでしょう。

具体的に当てはまるものとしては、留学、資格や検定試験の取得があります。

ロ．盲点の窓（blind self）：他人は知っているが、自分は知らない自分

自分には分からないが、他人からは分かっている部分を「盲点の窓」と言います。

自分では、礼儀正しくできているつもりでも、他人から見ると、大変失礼な場合もありますね。

キャリア形成において具体的な手段としては、ビジネスマナー教育や

コミュニケーション能力の強化等が当てはまります。自分では気づけない部分ですから、上司が早めに指摘してあげる必要があります。

ハ．秘密の窓（隠された自己、hidden self）：自分は知っているが他人は知らない自分

　自分は分かっているか、他人には分かっていない部分を「秘密の窓」と言います。

　誰にでも、他人に内緒にしている秘密はあるはずです。しかし、一見、仕事に関係ないような事柄でも、上司と情報共有をしておいて損はありません。思わぬところで、キャリア形成に結びつくことも良くありますし、意外性のある事柄であれば、より深く相手を知ることで親近感を抱いてもらえるかもしれません。

ニ．未知の窓（unknown self）：自分も他人も知らない自分

　自分でも分かっていないし、他人からも分かっていない部分を「未知の窓」と言います。

　これを開発することが、キャリア形成にとっては一番大切です。

　自分では「全然向いていない」と思っていた仕事で、かつ、上司も「得意な分野だろう」と気がついていないけれど、実際にやってみたら、ものすごく実績が上がった！　実は素晴らしい能力を秘めていた！　ということがあるからです。

　長い社会人生活の中で、このキャリアを見つけられる人、開発できる人が、本当に仕事を楽しめるのだと思います。一人きりで気づけない部分がありますので、それには、上司の温かいサポートが必要となります。

③計画的偶発性（プランドハップンスタンス）理論

　スタンフォード大学　ジョン・D・クランボルツ教授によると、

　　　　個人のキャリアの8割は予期せぬ偶発的な事柄によって決まる

とされるそうです。

しかし、その偶然を計画的に設計して、自分のキャリアに役立てようというのが、「計画的偶発性」理論です（図表8-4参照）。

　確かに、なぜ今の仕事に就いているか？　なぜ金融機関を選んだか？　なぜこの金融機関で働いているか？　なぜこの支店に転勤になったか？　偶然によることがかなり多いと思います。

　しかし、

> こんな人たちと働いていたら、こんなチャンスがあるかな？
> あんな職場で働けたら、自分のキャリアにプラスになるかな？
> この仕事ができれば、きっと自分のキャリアビジョンに近づけるかな？

といったことは予測できます。

　偶然と言っても、それらが起こる確率が高い場所に身を置くことも必要なのです。

　上司としては、女性融資渉外のキャリアビジョンをよく聞いてあげて、

> もしかしたら？　キャリアを実現するために一番可能性の高い仕事を割り振ってあげる

ことも重要かもしれません。

図表8-4　計画的偶発性（プランドハップンスタンス）理論

チャンス（偶発性）をつかむための5つの考え方		
①	好奇心	たえず新しい学習の機会を模索し続けること
②	持続性	失敗に屈せず、努力し続けること
③	楽観性	新しい機会は必ず実現する、可能になるとポジティブに考えること
④	柔軟性	こだわりを捨て、信念、概念、態度、行動を変えること
⑤	冒険心	結果が不確実でも、リスクを取って行動を起こすこと

将来、「あの時上司がこんなチャンスを与えてくれた！」と感謝されることになるかもしれません。

•••• 先輩 女性融資渉外からの1ポイント・アドバイス ••••

　女性のキャリアを考えてみると、バリバリ働くタイプもいれば、結婚や出産などのさまざまなライフイベントも考慮したいタイプもいますよね。「女性管理職って言われても想像できないわ」「ロールモデルの女性がいないもの」という方は、たくさんのお手本を見つけてみましょう。

　たくさんの上司先輩のいいとこ取りです。必ずしも今の管理職と同じ姿が「女性管理職」の理想像ではないかもしれないし、「こうあるべき」ロールモデルがいないなら、今から作り上げていくチャンスでもあります。

　柔軟で短期的なビジョンに加えて、長い目で見たビジョンを考えておくのも大切です。状況によって働き方が変わることもあるけれど、自分にとって大切にしたい価値観や軸を持っていれば、長期的にはどんな経験も活かしていけます。将来的に楽しい仕事に取り組めるように、しばらくは食わず嫌いせずに、とりあえず挑戦！ がおすすめです。

　楽しい仕事をするのではなくて、いただいた仕事を楽しくするための工夫をしてみましょう。初めはまったく興味もない苦手意識のあることでも、できるようになったら意外と面白い、とか、実はあなたにぴったりなものが隠れている、としたら、出会わないままなのはもったいないと思いませんか？

ケース 9

ティーチングとコーチング

Case09　8月24日（木）13：23　エレベーターホールにて…

> 川藤さん！　A社の運転資金の件なんですが、相談に乗ってもらえませんか？

上杉さん

> それと、B社の設備資金の件も、相談に乗ってもらえませんか？

川藤さん

> 上杉さんは、きめ細かい報・連・相をしてくれていいね！でも、そろそろ自分で判断して稟議書を上げてみたらどうかな？

> そうですか？　A社の社長は、長期にしてほしいと言っていて……
> でも、私としては悩んでいて、えーっと、川藤さんは、長期と短期、どちらが良いと思いますか？

> 上杉さんは、どうすれば良いと思うの？

> ....

> うーん、上杉さんももうずいぶんと融資渉外の仕事に慣れてきたから、自分で考えて判断できるようになるといいね！

> 自分の判断で、取引先の経営に影響を及ぼすと思うと…
> 取引先の社長の顔も浮かんじゃって…
> なんだか責任重大だなって、不安に思ってしまって…

> そうだね！　ちゃんと成長しているじゃないか！
> 融資渉外の仕事は（金融機関の仕事）は、
> 取引先に多大な影響を及ぼす、重要な仕事なんだよ！

> そうですね。取引先と仲良くなって、取引できたら…
> なんて、甘く考えてました

> この段階でそれに気がつけるなんて、大丈夫！
> 上杉さんならちゃんとできるよ！

解説　コーチング手法が有効

　上司がOJTに力を入れれば入れるほど、女性融資渉外の成長を妨げてしまう場合があります。

　報・連・相が良いのは結構ですが、何でもかんでも上司に相談してしまうと、やがては依存状態に陥ってしまうためです。

　そういった場合には、

**　　　自ら考えさせて、成長させるコーチングの手法**

が有効かもしれません。

　また、女性融資渉外へのOJT教育における段階では、アメリカの認知学者アラン・コリンズ（Allan Collins）らによって提唱されている「認知的徒弟制理論（Congnitive Apprenticeship）」が参考になると思います。

　この理論では、学習過程を、

① モデリング…先輩の物まねをして覚える
② コーチング…自ら考えさせる
③ スキャフォルディング…できないところを支援
④ フェイディング…支援を少なく、自立へ向かう

の4段階に分けて説明しています。

　ここでもやはり、成長の2段階目として「コーチング」が有効だと提唱されていますね。

　またゆとり世代の「ゆとり女子」は、他人のコピーは得意ですが、

**　　　自ら考えて判断することが苦手**

だと言われているようです。

　ケースにある上杉さんのような段階に差し掛かってきたら、上司のものまねは卒業して、自ら考えて行動するよう指導していく必要が出てくると言えます。

ステップアップ指導の着眼点

▶「ビジネスコーチ」とは？
　コーチ（Coach）という言葉を調べると、もともとは「馬車」であることが分かります。
　「コーチ」の語源は「大事な人を目的地まで送り届ける」という意味なのです。
　それが転じて、スポーツの世界で、選手たちが望む目的地まで送る（例：甲子園まで導く！）といった具合に、「コーチ」という役割が定着してきたのです。
　現在では「ビジネスコーチ」といって、目的とするキャリアへ導いていく存在も登場しています。
　　・一人前の融資渉外担当者になる！　という目的
　　・管理職になるんだ！　という目標
　　・女性支店長を目指すんだ！　というキャリアビジョン
これらの実現に向けて、「導く」、「支える」、「支援する」ことをコーチングと言うのです。
　上司は、
　　　　　　女性融資渉外にとっての「ビジネスコーチ」
である必要があるのです。

▶コーチングの3原則
　コーチングの細かいスキルについて解説する前に、ここではコーチン

グの基本3原則を紹介します。
　それは、

　　　　人は皆、無限の可能性を持っている
　　　　その人が必要とする答えは、すべてその人の中にある
　　　　答えを引き出すためには、パートナーが必要である

ということです。
　女性だからといって、区別してはいけません。女性は、男性以上に活躍する可能性を秘めています。
　答えは、他人から与えられるものではなく、自分で考えて、判断するものです。
　しかし、それらを行うためのパートナーが必要であり、
　　　　それが上司の役割
なのです。
　次のケース10で、コーチングのスキルについて紹介します。

先輩 女性融資渉外からの1ポイント・アドバイス

「どうしたら良いと思う？」と聞かれるようになると、分からないから聞いているのに、と疑問に思ったり、なんで答えてくれないんだろう、見捨てられたのかしら…と不安になったりしますよね。それは、実は、成長が認められた、次のステップに進んだ証かもしれません！

今までは、上司先輩が指示して下さらないと行動できない状態から、判断事項に対してあなたの意見や考え方を聞いていただける状態へのステップアップです。こうなったら、質問するとしても、判断結果をただ聞くのではもったいありません。

どのような時にどう判断するのか、といった判断基準や、AとBのそれぞれのメリットデメリット、効果や注意点を聞けるようになると、これからの判断に役立てていけますね！

ケース 10

顧客対応にも活かせる
実践的コーチングスキル

Case10　9月14日（木）9:58　上杉さんのデスクにて…

川藤さん

> 上杉さん！取引先のA社に行ってきてくれるかな？
> もう、一人で大丈夫だよね？

> はい！大丈夫です！自分一人で交渉してきます！

上杉さん

> そうか！頑張ってね
> 先方の社長にも宜しくお伝えしてね！

　　　　※　※　※

> おはようございます。やまと銀行の上杉でございます
> 本日はお時間いただきありがとうございます
> 今日は、良い情報を持ってまいりました
> 今年1月からスタートしてご好評をいただいております、
> 新サービスのキャンペーンご説明に伺いました
> 社長様は絶対に気に入るはずです！

> ふうん……そう？

お客様

> 社長様、（商品説明用のパンフレットを見せながら）
> このキャンペーンなら御社の金利・手数料の削減になる
> はずです。社長は絶対こちらを選ぶはずですよね？

> さあ、どうかねえ…

> だって、かなりのコストダウンになりますよね？

> ちょっと待ってよ。上杉さんが何を売り込もうと、
> そりゃあ勝手だがね。
> どこの銀行も同じような手数料で大差ないし、興味ないよ
> それに、今日はこれから用事があるから、
> またにしてくれないか

ケース10 顧客対応にも活かせる実践的コーチングスキル

> えっ!? そうですか、大変失礼しました
> では来週、日を改めて…

> 来週はずっと忙しいから、またいつかにして下さいよ

> では、また伺います。大変失礼しました

※　※　※

> 川藤さん……ただいま、戻りました…

> お帰り！ どうだった？ 社長は元気そうにしてた？

> 実は、なんだか迷惑がられてしまいました…

> そうか〜 そんな時もあるよ
> じゃあ後で、どんなやりとりをして、何がまずかったのか？
> 反省会でもしようか

> はい！ でも少し、一方的過ぎたかもしれません
> 社長のお考えを聞こうともせず
> 思い当たる節はいろいろあるので、
> まずは自分で考えて整理してみます

> おっ！ いいね！ じゃあ、考えがまとまったら
> また声かけてね！ 信頼しているよ

解説 聞き出す力を高める必要がある

　女性融資渉外も、慣れてきた頃に落とし穴があります。
　それは自信が付いてくる頃にこそ、

顧客ニーズを考えず、一方的な提案になりがち

だということです。
　今回のケースでは、銀行のキャンペーン商品に余程の自信があったのか、「一方的にコストダウンになるから役に立つはずだ！」と決めつけています。
　しかし、取引先については、わずかな手数料の削減よりも、やまと銀行のキャンペーン商品を採用することで、
　「他の銀行との付き合いに支障が出ないか？」
　「すでに導入している商品からのスイッチングコストのほうが高くつくのではないか？」
　「そこまでのメリットが本当にあるのか？」
　「いろいろと事務手続きが面倒くさくないか？」
など、いろいろと不安要素を考えるはずです。
　まずは、
　「現在どの銀行のどのようなサービスを採用しているのか？」
　「どのようなことに困っているのか？　いないのか？」
　「どのような状態になるのが理想なのか？」
などを、いろいろとヒアリングして、聞き出すことが重要です。
　そのためには、ケース9で紹介したコーチングのスキルである、「質問のスキル」が活用できます。
　「質問のスキル」については、後段で詳しく解説しますが、実は、コーチングスキルは、経営コンサルタントが企業経営者に対して行うこともあるのです。
　以前は、中小企業診断士の1次試験科目（助言理論）でも取り扱われ

ケース10　顧客対応にも活かせる実践的コーチングスキル

ていたぐらいです。

そのため、上司から女性融資渉外へ向けても、当然、コーチングスキルを活用できますし、女性融資渉外から取引先の社長へも、コーチングスキルは活用できるのです。

ステップアップ指導の着眼点

▶融資渉外に活かせるコーチングスキル

コーチングのスキルには、「傾聴のスキル」「質問のスキル」「要約のスキル」「承認のスキル」「フィードバックスキル」「直観のスキル」等、さまざまなスキルがあります（図表10-1参照）。

その中でも、女性融資渉外に一番覚えてほしいのは、

　　　　　質問のスキルとフィードバックスキル

です。

図表10-1　5つのコーチングスキル

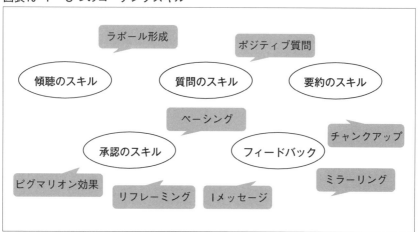

①**質問のスキル**

　質問のスキルとは、一言で説明すると、「Yes」か「No」で答えるような質問ではなく、

　　　　　あらゆる可能性を引き出せる質問をする

ということです。

　例えば、「こんな情報は知っていますか？」と質問したとしましょう。

　そうすると、答えは、Yes…知っています、もしくはNo…知りません、の２択になります。

　これを、

　　　　　ネガティブな質問

と呼びます。

　では、「どんな情報に興味がありますか？」と質問してみましょう。

　この質問なら、金利なのか？　為替なのか？　ビジネスマッチングなのか？　さまざまな可能性の話が引き出せます。

　こちらを

図表10-2　ニーズの探索と質問スキル

	ポジティブな質問		ネガティブな質問
拡大質問	・相手が考えることを促す ○ どんな情報に ご興味がありますか？	限定質問	・答えがYES、NOに限定される ×既に この情報は知っていますか？
未来質問	・これから未来に向かう ○ 次はどのような資料を ご用意いたしましょうか？	過去質問	・相手の意識が終わって 　　しまった過去に向かう × なぜ、他行を選んだのですか？
肯定質問	・望む方向に意識が向かう ○ どうしたら お役に立てそうですか？	否定質問	・望まない方向に意識が向かう × 何がご満足いただけない のですか？

ポジティブな質問

と呼びます（図表10-2参照）。

そして、女性融資渉外が、「これは知ってますか？」「これは見ていただきましたか？」「ご確認はいただきましたか？」などと、「Yes」「No」で返答することになるような「ネガティブな質問」を繰り返すと、取引先に対して、

問い詰めているような厳しい印象

を与えてしまいます。

ですから、取引先に対しては、できる限り、ネガティブな質問ではなくポジティブな質問を投げかけるのがよいのです。

②フィードバックスキル

次にマスターしてもらいたいのは、フィードバックスキルです。

これも一言で説明すると、「相手が正しい、間違っていると判断せず、自分の意見として申し上げましょう」ということです。

例えば、ある問題について「あなたは間違っていますよ」などと表現する方法を、Youメッセージと言います。

「あなた」を主体に表現する方法

です。

それに対して、「私は、こちらだと思いますよ」と表現する方法を、Ｉメッセージと言います。

「私」を主体に表現する方法

です。

取引先に提案に行く場合、あくまで、判断するのは取引先です。金融機関の行職員が、意思決定して、取引先に押し付けるのでは決してないのです。

ましてや、取引先の社長の考えを、どうこう判断することがあってはいけません。

何時も、取引先に提案する時には、「恐縮ですが、私は○○だと考えます（愚見ですが）（参考までに）」などという「Ｉメッセージ」を使って、謙虚に申し上げるようにしましょう。

> **先輩 女性融資渉外からの1ポイント・アドバイス**
>
> 　はじめは、お取引先にうかがって失礼のないようにするのが精一杯でしたよね。だんだん慣れてくると、「こうしたらもっと良くなる！」「こうするべきなのに！」と思うことも出てくると思います。
> 　以前、私がお客様に「他の会社ではこのサービスが効果的で一番良かった、採用するべきです」と無理に迫ったとき、上長に、コーチングの原則「その人が必要とする答えは、すべてその人の中にある」を教えてもらいました。質問のスキルを上達させると、とても便利です。
> 　質問を通じてお客様ご自身の考えやご要望を整理していただいたり、同じ課題について一緒に検討したり、どうすれば金融機関としてお取引先のお役に立てるかをお客様と確認しながら進められます。いつかは、お客様が気づいていなかったことも引き出せるような、お客様にとってのパートナーになりたいですね！

ケース 11

女性融資渉外に求められる融資の知識 1

Case11　9月26日（火）11：18　個社資料保管棚前にて…

上杉さん

うーん。分からないな〜

川藤さん

上杉さん、どうしたの？ 何を見て悩んでいるの？

はい！ A社の決算資料を見ていると、
過去何年も資金繰りは非常に良くて、
流動比率や当座比率も十分なのに、
社長は、資金繰りが厳しい、とおっしゃるのです…

そうなの？ 決算書は年に一度のものだから、
試算表などをチェックするのもいいんじゃないかな

そうですよね！ 承知しました
ご指導ありがとうございます

※　※　※

川藤さん！ 今ちょっといいですか？
試算表を見てみたんですが、この何年か3月末の決算時点
では、こんなに資金繰りが良いのに、
不思議なことに4月からいきなり苦しい状態なんです

うーん。それは年度末に銀行から借入をして、
すぐに返済しているかもしれないね？
そんなときは、科目明細と銀行取引推移表も一緒に
見比べてみるといいかもね！

承知しました。複数の書類を見比べてみて、初めて分かる
こともあるのですね！ 勉強になりました
これからもご指導よろしくお願いいたします！

解説 融資業務の基礎を身に付けていない女性融資渉外は多い

　著者が、全国地方銀行協会や各地の金融機関で実施している女性渉外向け研修会で、さまざまな調査をしています。

　その中で女性渉外担当者（受講者）は、何を教えて欲しいのか？　という質問についてヒアリングした結果、圧倒的に多かった意見は、

　　　　　1位　融資業務の基礎知識　51％

でした。

　具体的には、「決算書の見方」等の基礎的なことから、「比率分析の見方」「資金繰り表、資金運用表、銀行取引推移表等の書類をどのように見たら良いのか？」また、「資金使途と、融資方法の違い」などもあげられました。

　現在では、どこの金融機関でも、決算資料をデータセンターに送れば自動で分析資料が作成され、格付までできてしまう時代です。

　　　　自分の目で見て財務分析することに慣れていない

女性融資渉外は、自動作成された帳票に頼るしかなくなっている様子なのです。

　しかし、それだけでは分からないこともたくさんありますので、さまざまな資料の見方と、それらの関係性について説明してあげるのがよいと思います。

ステップアップ指導の着眼点

▶財務資料の見方の指導例

　金融機関の行職員は、財務資料によく矢印を書きます。もちろん、近年は電子稟議なども普及していますので直接紙に書かない場合もあると思いますが、決算書をチェックする場合になどにもよく矢印を書いてチェックすることがあると思います。

　女性融資渉外は、この矢印の意味を不思議に思っているようです。

　そこで、上司としては、矢印を書く意味と、各勘定科目との関連性から財務資料をどう読み解くかについても指導してあげることがよいでしょう。

　例えば、図表11-1の例だと、

①の時点では、売上が減っているので、本来固定費であるはずの管理費を無理に削って、何とか利益を確保しています。

②になると、さらに売上が下がって、まだ管理費を削減していますが、

図表11-1　ある企業の売上高・管理費・営業利益の推移

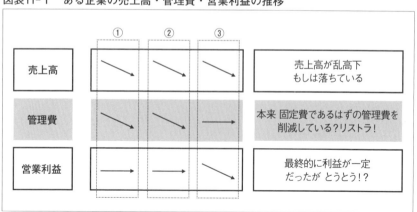

削減率は小さくなっているようです。
③の段階では、売上が減少しましたが、これ以上管理費を削減することができず、とうとう赤字に陥ってしまいました。
　③にまで至ると、粉飾している可能性もありますが、どんなに無理に黒字化しようとしても限界!?ということも想定できます。

　このように複数の矢印の関係性を説明し、その意味をストーリーとして指導してあげるのが効果的でしょう。

・・・**先輩**女性融資渉外からの1ポイント・アドバイス・・・

　「数字の意味を理解する」と言うと簡単なようで実際は多くの知識と経験が求められますよね。迷ったときには、ゴールを再確認しましょう。
　「お客様にとっての理想の状態は？」「稟議が通るための条件は？」ということの確認です。また、数字そのものだけで意味を考えるのは至難の技なので、私は"比べる"習慣をつけています。過去と今の時系列や、量、率、業種平均、規模平均…数字ひとつでも、比べることで違うものが見えてきますよね！
　お客様からうかがったお話が、数字のどこに現われているか、これから現われてくるのか、基礎知識とつなげていきたいですね。先輩に教えていただく前に、まずは自分でも考えてみましょう。一つひとつの積み重ねも、1年後には大きな成長の差になります。

ケース 12

女性融資渉外に求められる融資の知識 2

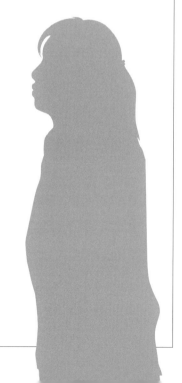

Case12　10月12日（木）12：39　支店内の書庫にて…

川藤さん！今、話しかけてもよろしいですか？

上杉さん

もう話しかけてるじゃないの（笑）
何!?　今度はどうしたの？

川藤さん

手形貸付で貸していた運転資金を長期に切り替えたいと、
A社から打診がありましたが、
どうしたらよいのでしょうか？

優良取引先だし、基本的には問題ないと思うけど、
何をチェックしなければいけないか？　どう考える？

え…っと、長期になる訳だから
返済は楽になるはずですよね

そうだね！　他には？

他行の動向とか？　ですかね？

なるほど、もっとあるかな？

あっ！　そもそも返済原資を確認する必要もあります!?

そうだね、もともとは運転資金として、手形貸付していた
わけだから、その返済原資は売掛債権だよね？
それがどうなったのか？　回収できなくなったのか？
A社の販売先は大丈夫か？
また、長期貸付に切り替えるということは、
単発で大きな商いが成立すれば返済できる訳ではなく、
継続的に利益が確保できないと返済できない
ということだよね

> そうか〜。融資の種類や方法などにも、
> きちんと意味があるのですね！
> もう一度初心に帰って勉強し直します！
> ご指導ありがとうございました！

> 上杉さんは、融資渉外として、本当に成長してきたね！
> 勉強熱心で、謙虚な姿勢は、相変わらずで素晴らしいね！

解説 意味を理解せずに専門用語を使っているケースに注意

　融資係を経験したことのない、女性融資渉外は、「手形割引」「当座貸越」「手形貸付」「証書貸付」等、融資の種類について理解できていない場合があるようです。

　「なぜ、設備投資資金は証書貸付なのか？」「なぜ手形割引も与信と考えるのか？」といったことから、毎年、手形の書換を行っている取引先へ書換を継続しない場合、「貸しはがし！」などと言われることがあることとか、信用保証協会についての理解や、抵当権を実行した後の競売から債権回収の全体像、なども理解できていない方もいらっしゃる様子です。

　特に、金融機関内で、あたりまえのように使われている規定や文言を覚えて、

　　　　　　分かったつもりになって、きちんと意味を理解していない

場合は、注意が必要です。

　「特段の懸念なしと思料」などといった、銀行用語を駆使できても、融資渉外を理解できているとは言えません。

　上司としては、一つひとつの取引の意味から全体像まで理解しているかを、注視する必要があります。

ステップアップ指導の着眼点

▶財務比率をよく見せるテクニックを紹介する

女性融資渉外は、財務分析資料だけを見て、経営状態を判断する傾向にあるようです。

こうした担当者には、中小企業が意図的に流動比率を良くする方法があることを紹介してはどうでしょうか。

例えば、いちばん簡単な方法として、短期借入金として借りているものを長期借入金にしてしまうことがあげられます（図表12-1参照）。

そうすれば、流動資産の金額は変化せず、流動負債は減少しますので、簡単に流動比率を良くすることが可能です。

手形の書換を毎年行っている例などでは、中小企業側が、勝手に長期借入金に記載してしまっている場合もあります。

図表12-1　意図的に流動比率を良くする方法

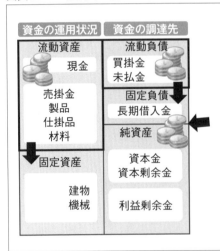

100

他には、設備投資を行うということで長期借入金を借入した場合も考えられます。この場合は、長期借入金がいったん、現金・預金として計上され流動資産が増加しますので、その時点での流動比率は良くなります。しかし、その後当然、設備を購入するわけですから、流動資産が減少して、元の流動比率に戻るはずなのですが、ここで金融機関側が知らない商習慣があるのです。
　キャッシュバック、リベート等です。
　そうなると、設備に使ったはずのお金が、企業側に戻ってきますので、結果として流動比率は良くなるのです。
　このように、中小企業側が、財務比率をよく見せることは簡単なのだということを、上司は女性融資渉外に詳しく教えてあげるべきでしょう。

▶正確な決算書の作成が難しい背景を理解してもらう
　さらに、そもそもの決算書が正確にできている保証はないという現状も、女性融資渉外に認識してもらうべきです。
　粉飾決算と言うと大げさに聞こえますが、中小企業では、「意図せざる、悪意のない粉飾」も沢山あるのが実態です。
　例えば、以下のようなケースです（図表12-2参照）。
　税理士・会計士などから、中小企業に対して「今年はいくら利益を出しましょうか？」などと持ちかけてくることがあるそうです。
　税金を払う金額を少なくするように、うまく調整してくれるということでしょうか。
　逆に企業経営者も、「もっと税金が安くならないか？」「銀行がうるさいから、なんとしても黒字にしてくれ！」などと税理士に相談するケースもあるようです。
　また、経理・総務担当者は、「これ、何の経費で処理したらいいですか？」「前の会社で、前の税理士さんにはこうしろと言われてました！」などと、悪意なく、正確な経理処理をしていない場合もあります。

図表12-2　中小企業決算の意図せざる粉飾例

```
税理士・会計士主導で行われるケース
    ⇒ 今年はいくら利益を出しましょうか？
企業経営者主導で行われるケース
    ⇒ もっと税金安くならないか？
    ⇒ 銀行がうるさいからなんとしても利益を計上しろ！
経理・総務担当者主導で行われるケース
    ⇒ これ　何の経費で処理したらいいですか？
    ⇒ 前の会社では　前の税理士さんには　こうしろと言われてました！
取引先からの依頼で行われるケース
    ⇒ 年末　年度末の取引の押し込み
```

　最も悪いのは、取引先からの依頼で、年末・年度末の取引の押込み販売や在庫の引取り等を依頼されるケースもあるようです。
　これらの諸事情を踏まえると、

　　　　　　すべての中小企業が、正確な決算処理を行うことは、難しい
のかもしれません。
　経験を積んできた女性融資渉外には、このような裏事情も指導してあげるべきです。きれいごとだけでは、融資渉外は務まらない面はやはりあります。
　粉飾がないと思って決算書を見る人と、粉飾があるという前提で決算書を見る人では、当然、決算書の見方が違ってきます。
　手品を見るときに、タネを知っている人と、知らない人では、見方がまったく違ってきます。それと同じことです。
　中小企業の表も裏も、建前も本音も分かるよう、女性融資渉外も育成していくことが重要でしょう。

先輩 女性融資渉外からの1ポイント・アドバイス

　お取引先の経営のお手伝いをさせていただくために、融資に対する深い専門性（スペシャリスト的要素）と、企業実態や環境変化も踏まえた広い知見（ジェネラリスト的要素）を兼ね備えていければ、お客様にとって信頼のできる担当になれると思いませんか？

　資格は、お客様から見て分かりやすいので、ご安心していただくのにも役立ちそうですね。資金繰りが厳しいお取引先様こそ、長く会社が継続していけるようにコンプライアンスを守りながらお取引をしていきましょう。外訪時、お客様から無理なご相談があったとしても、信頼を損なう行為は、結局お客様とのお取引解消にもつながります。

　できることとできないことをお客様へきちんとお伝えして、その旨、上司に報告しておきましょう。

ケース 13

トラブル・クレームと上司としての対応

Case13　10月30日（月）14：42　デスク横の打合せスペースにて…

川藤さん

> 上杉さん、ちょっといい？
> 上杉さんが担当しているＡ社の社長が、怒っていて、
> すぐに来いと連絡があったんだけど？
> 何があったの!?

上杉さん

> すみません。実は…どうしても今月中に融資を実行して
> ほしいと無茶なお願いをされていまして…

> えっ！だってもう30日だよ！
> 今月中には、手続無理でしょ？

> そうなんですが、前の担当者はうまくやってくれたとか…
> 融通がきいたとか…

> どうやって説明したの？「できること」と「できないこと」
> は、はっきり説明しないといけないよ
> 期待させるような発言や、思わせぶりな対応は
> していないかな？

> えっ…だんだん頼りにされてきたし、断りにくくて、
> 何とかしたいと思いまして…

> そうか…融資先から頼りにされてきたのは、
> とても良いことだね。頑張って渉外活動をしてきたからね
> しかし、あいまいな対応や思わせぶりな対応は、かえって
> 信頼を失いかねないし、大きなクレームにもなりかねない
> よ。最悪、当行からの融資を当てにして、
> 資金繰りが回らなくなったら大変だからね

> 承知しました。融資先に、前任者と比較されて、
> 女性だからと…思われたくなくて…失礼しました

> 今回は、私が社長の所へ行って、
> 事情を詳しく聞いてくるよ
> これからは、融資先から連絡が来る前に、
> 上杉さんから報告をしてくれると、とても嬉しいな！

> はい！ 承知しました。ご迷惑をおかけして
> 申し訳ございません！

解説　頼もしい上司になれるかどうかがポイント

　女性融資渉外にとって、前任者と比較されることは、あまり気持ちの良いものではありません。
　ましてや、前任者は男性の場合が多いでしょうから、男性と比較されることも嫌なものです。
　融資渉外に慣れてきて、自信が付き、顔も売れてくる頃には、融資先の社長へ向かって、

　　　　調子の良いことや、思わせぶりな発言

をしてしまうこともあるかもしれません。
　そうなると、「言ったじゃないか！」「期待していたのに！」というクレームに発展することも考えられます。
　その時に、

　　　　上司が冷静に対応できるか

が、ポイントです。
　上司までもが、前任者と比較したり、女性だから仕方がない…といった内容の発言をすることは絶対に避けましょう。
　また、上司が「クレーム」「トラブル」「インシデント」「報告書」などと大げさな言葉で騒ぎ立てること自体が、大変な精神的プレッシャーになるようです。
　上司、特に役席者は、

女性融資渉外にとって、頼もしい上司を演じきる
ことが役割です。
　そんな時こそ、不安にさせないよう、味方になり、少しでも誉めてあげるべきです。

ステップアップ指導の着眼点

▶強い期待を持っている顧客からクレームが発生する
　そもそも、クレームとは、
　　　　　事前期待と実際のサービスのギャップから発生
するものです（図表13-1参照）。
　例えば、一般的なコンビニやスーパーで、商品を購入した場合、買い物したものを、ビニール袋に入れて、その場で手渡しされてもクレームを言う人はいないでしょう。
　しかし、高級なブランドショップ買い物をした場合は、商品をきれいに収納して、ラッピングされ、紙袋に入れ、玄関先まで一緒に運んでく

図表13-1　クレーム発生要因

```
●お客様の期待と満足度をクレーム発生要因として考える

       ┌─────┐      ┌─────┐
       │事前の期待│      │提供した  │
       │     │      │商品サービス│
       └─────┘      └─────┘
      ━━━━━━━━━━━━━━━━━━━━
              ▲

   事前の期待  ＜  提供した商品・サービス　……　お客様は満足する
   事前の期待  ＝  提供した商品・サービス　……　お客様は納得する
   事前の期待  ＞  提供した商品・サービス　……　お客様は不満をもつ

   ～お客様の事前期待は様々　個客への対応が不可欠
```

れるのが当たり前だと期待するでしょう。そこで、ビニール袋・ポリ袋に入れて渡されたら、「なぜこんな扱いをされるのか！」とクレームになるかもしれません。

つまり、クレームとは、期待値とのギャップから発生するのです。

以上より、金融機関に対してクレームを言う取引先は、事前の期待値がとても高く、金融機関に期待しているお客様だと考えましょう。

▶クレーマーの種類と対応

いわゆる「クレーマー」と言われる方にも、実は3種類のパターンが考えられます。

①熱心なファン・友好的解決者

このタイプは、前述したとおり、金融機関に大変期待しているため、クレームというよりは、期待、要望を強く持っています。

期待に応える・要望に応えることで、さらに熱心なファンになってくれる可能性もあります。

②黙認タイプ・静かなる批判者

このタイプは、その場で文句は言わず、黙って立ち去るタイプです。

二度とご利用いただけない可能性もありますし、インターネットなどで口コミ等の書き込みをされる危険性も考えられます。

③攻撃タイプ・戦闘的対立者

感情的に、大きな声で、鋭い目つきでクレームを言うタイプです。

論理的な議論を行うわけではなく、感情が鎮まるまでじっくり話を聞くことが重要です。

この攻撃タイプの方への対応策としては、

・人を変える（上司が対応する等）

・場所を変える（別室で対応する等）
・時間を変える（後日、お詫びに行く等）
の対応が有効です。

この場合は、もちろん女性融資渉外一人に任せきりにせず、チームとしての対応を心掛ける必要があります。

•••• 先輩 女性融資渉外からの1ポイント・アドバイス ••••

クレームが起こったら、とにかく迅速な対応が必要です。言いにくいとは思いますが、悪い報告や困った事情こそ、早め早めに上司先輩にお伝えしておきましょう。

クレームを頂いたお取引先には、早く・正しく・誠心誠意の伝わるご対応が求められます。高い期待をしてくださったお客様こそ、長くお取引させていただきたいですよね。

「事前期待を下回ると不満を感じる」ということについて、いきなり怒り出すお客様はいない、とも教えてもらったことがあります。お怒りになる背景には、不安、疲れた、面倒、悲しい、いやだ、情けない、恥ずかしいなどの気持ちが隠れていたり、期待に対して軽んじられた、ないがしろにされた、と感じた事実が含まれているのだそう。

女性のほうが共感性が高くて感情を読み取るのが得意な方も多いので、私たちは日頃から、お客様が何に対してどんな感情を抱いたのかを見つけ出して、大きなクレームを未然に防いでいきたいですね。

空気を読む、や、気を遣う、は私たちの味方かもしれませんよ！

ケース 14

企業を知る！
ビジネスモデルと事業ドメイン

Case14　11月26日（金）15：03　店内ロビーにて…

川藤さん！融資先から、新製品の発表会に誘われたのですが、行ってきてもいいですか！？

上杉さん

川藤さん

すごいね〜！声をかけてもらったんだね
行内規定に従って、お祝いの花も手配するといいね！

はい！ありがとうございます！楽しみです！

ところで、あの会社はどんな製品を作っているのかな？

えっ？女性向けのファンションブランドですけど…

ターゲットは？ 20代？ 30代？ 価格帯は？
展示会に来るのは誰？ 一般消費者？ 小売店の方？

……すみません。素敵なデザインですけど…

お客様が、どんな製品を作っているのか？
それはなぜ売れているのか？
機能性が良いのか？ ブランド力があるのか？
価格が安いのか？ 流通経路はどうなっているのか？
どんな取引先経由で売れるのか？
また、どんなプロモーションをしているのか？
本当に、顧客のことを知るために、
展示会に行ったらたくさん見てきてくださいね！

なるほど〜。そうなんですね〜
決算書だけ見ていても、そんなこと分かりませんものね！

そうだね！数字に表れない経営実態を見てくるのは、
融資渉外にとって重要なことだね

> じゃあ、展示会で気に入ったデザインのものがあったら、実際に買って使ってみようかな？

> おー上杉さん、余裕あるね〜セレブだね〜

> いえいえ、もちろん自分では買いませんよ〜買ってもらうんです〜

> こらっ！それ以上聞けないけど…ちゃんと、自分で買おうね！

解説　顧客のビジネスを理解しているか？

　融資先の業績が「良い」「悪い」「売上が伸びている」「売上が落ちている」などといっても、それがなぜなのか？は、競争戦略やマーケティング戦略等を理解しなければ、本当に理解したとは言えません。

　そもそも、融資先はどのようなビジネスモデルで成り立っているのかを理解することが、顧客のことを理解する第一歩なのです。

　その手始めとして、まずは「事業ドメイン」について理解することが必要です。

　事業ドメインとは、「誰に、何を、どのように」提供しているか？ということです（図表14-1参照）。

　例えば、「30代の主婦向けに、動きやすい普段着を、低価格で」販売しているとか、「企業向けに、社員同士の懇親の機会を、旅行サービスを通して」提供している、などです。

　顧客ターゲットが誰で、商品にはどんな価値や意味があって、どんな特徴が支持されて売れているのか？ということをしっかりと考えると、融資先企業のビジネスを理解することができるはずです。

　それが理解できたら、経営戦略やマーケティング戦略、財務戦略につ

図表14-1　レビット＆エイベルによる事業ドメインの定義

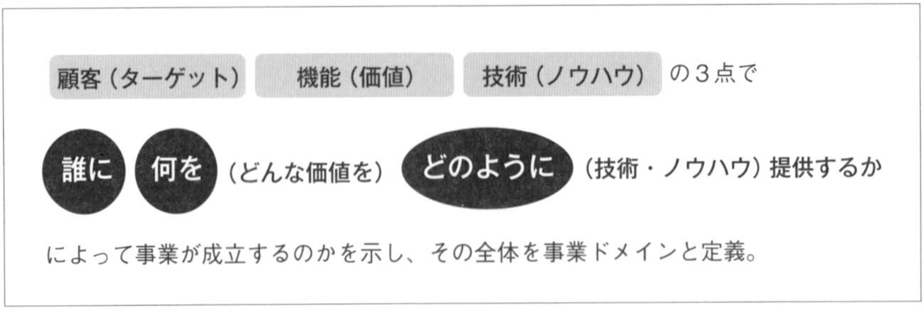

顧客（ターゲット）　機能（価値）　技術（ノウハウ）の3点で

誰に　何を（どんな価値を）　どのように（技術・ノウハウ）提供するか

によって事業が成立するのかを示し、その全体を事業ドメインと定義。

いても考えてみるとよいでしょう。
　この点を踏まえ、女性融資渉外が、

　　　決算書や会社案内、パンフレットだけを見て表面的に理解していないか

確認してあげる必要があります。

ステップアップ指導の着眼点

▶企業の競争力を把握する視点も身に付けたい

　中小企業の社長は、自社製品に対する思い入れが強いため、「うちは技術力がある！」「信頼がある！」などとよくおっしゃいます。
　しかし、製品の競争力とは、本来どこにあるのでしょう？
　フィリップ・コトラーによれば、製品は、「製品の核」「製品の形態」「製品の付加機能」の3つの段階に分類することができるそうです（図表14-2参照）。

①製品の核

　これは、製品そのものの基本機能であり、例えば冷蔵庫であれば、「冷やせる」、洗濯機であれば、「洗える」ということです。

ケース14　企業を知る！ビジネスモデルと事業ドメイン

図表14-2　製品における3段階

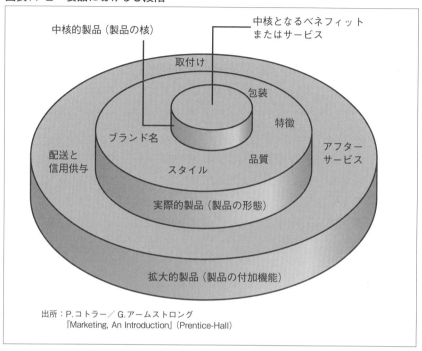

出所：P.コトラー／G.アームストロング
『Marketing, An Introduction』(Prentice-Hall)

　現在では、多くの企業は非常に高い技術力を持っていますので、ここで、他社との差をつけることは非常に難しいです。

②製品の形態
　これは、ブランドやスタイル等であり、例えば、同じ機能であってもコンパクトサイズであったり、素敵なデザイン等での差異化が考えられます。
　しかしこれも、中小企業が一時的に優位に立てたとしても、すぐに他社にまねされることも考えられます。

③製品の付加価値

これは、配送サービスであったり、アフターサービス、メンテナンス、保証等の付加的なサービスが考えられます。

地域密着型の中小企業は、これらのきめ細かいサービスで他社との差異化を考えるものよいかもしれません。

上記のような、製品の競争力についてもしっかりと理解することが必要ですから、女性融資渉外にも、それを理解するための着眼点を指導したいところです。

•••• 先輩 女性融資渉外からの1ポイント・アドバイス ••••

同じ場所で同じことをしていたはずなのに、人によって見たものが違う、ってことありますよね。情報は、その人が関心を寄せているものが飛び込んでくるそうです。カバンを買おうとしているときには、つい他の方のカバンを見たり、関連のニュースが耳に入ったりしませんか？

先輩方が多種多様な情報をお持ちなのは、日頃からアンテナを立てて（「目的意識」を持って、「基準や枠組み」を意識して）いるからかもしれませんね。私たちも、取引先の会社の一員になったつもりで物事に関心を持つと、もっと見えて、もっと聞こえてきそうな気がします。

また、渉外としての経験が浅いからこそ、お客様と近い目線で考えられるかもしれません。たくさんの企業の経営について聞いて見て学んで携わらせていただけるなんて、外訪でお客様と直接やりとりさせていただける融資渉外ならではですね。

ケース

15

経営者を知る！
経営理念と戦略

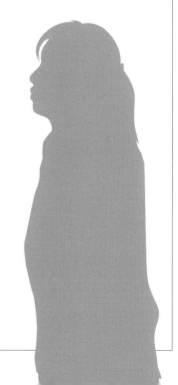

Case15　12月5日（火）13：06　川藤次長のデスクにて…

川藤さん

「あの社長は、こだわりが強いからな〜」

上杉さん

「川藤さん？ どうしたんですか？
最近独り言が多いですね〜」

「あっ…ごめん、ごめん、聞こえてた？ お菓子メーカーの
Ａ社の社長が、どうしても頑固でね〜
専務が考えたチョコレートの新製品を
ことごとく否定しているんだよ」

「チョコレートって定番ですよね！
絶対に手堅く利益が見込めるジャンルですよね〜！」

「確かにそうなんだけど…
創業当時の社長の思い、経営理念があってね
利益が出るのは社長自身も分かっているんだけどね」

「絶対儲かるのに〜。社長の経営理念って何なんですか？」

「社長の経営理念は、『日本の米菓を世界中に広めたい』って
ことなんだよ。
だから、チョコレート菓子の新製品を作るぐらいなら、
世界中に米菓を輸出したいらしいんだよね」

「へー。経営理念ってそんなに大事なものなんですか？」

「そうだね、その会社の存在理由、経営の意義、
使命（ミッション）等ともいえるものだからね！」

> なるほど！ じゃあ、販売計画や資金繰計画なんて目先の話ではなく、まずは、社長の思い！経営理念を聞けないと駄目ですよね!?

> 上杉さんの言うとおりだね！ それでこそ、本当にその会社のことを理解したと言えるかもね
> それにしても上杉さん！ 融資渉外として本当に頼もしくなってきたね〜

> 川藤さんが、いつも雑談するふりして、さりげなく私にご指導してくださっているからですよ
> 本当にありがとうございます！

解説　中小企業の非合理性について理解してもらう必要も

　経営理念と経営戦略は、当然つながりの深いものです。特に中小企業の場合は、社長の考え・思いがそのまま経営理念となっているケースも少なくありません。

　それゆえ、同じような業種で、同じような企業でも、まったく異なる経営戦略を取ることがあるのです。

　どう考えても合理的ではない選択も、社長のこだわりで、独断的に行われるケースもあるのです。

　このあたりが、女性融資渉外には理解できない場合もあるようです。

　少し勘違いをしている方は、融資先の社長に対して、

　　　　「それは、間違っていませんか？」と意見してしまう

なんていうことがあるかもしれませんが、絶対にいけません。

　女性融資渉外は、あくまで金融機関の行職員であり、経営判断、意思決定はお客様が行うものであることを強く意識しなければなりません。

　そこで上司としては、あまり、論理的に、教科書的に教えるのではなく、普段の何気ない雑談や相談の中で、

> 社長のお考えや、創業当時に苦労した話、背景なども少しずつ説明してあげる

とよいのかもしれません。

> ステップアップ指導の着眼点

▶ コンサルティング営業につながるような見識拡大を

「事業性評価に基づく融資」が問われるようになってきており、女性融資渉外も、きちんと企業を理解する視点を持つことが求められます。

企業を理解する上で、一番初めに確認しなければいけないのは経営理念です。

これは、「ビジョン」とか、「理念」とか、場合によっては「社訓」とか「キャッチコピー」など、さまざまな表現であらわされています。

図表15-1　事業性評価の着眼点

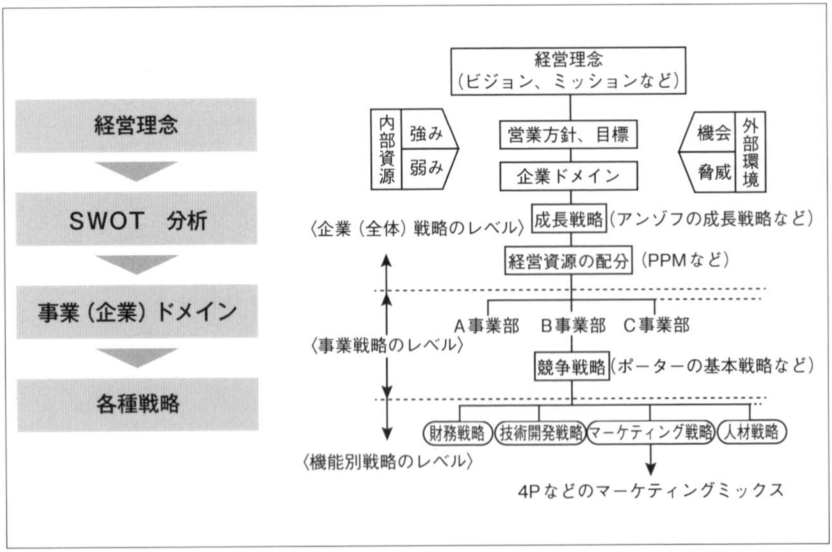

これがしっかりしていないと、突然思わぬ商売に手を出したり、「儲かると思えば何でもやる！」といったことになりかねませんし、周囲から見ても、「あの会社は一体何の会社なのか」と、理解されないこともあります。

その次に、外部環境や内部環境を踏まえたうえで、「ドメイン」を見極めます。

ドメインとは、何の分野で戦うのか？ どのような土俵で戦うのか？ といった事業領域のことです。

それが決まっていないと、会社全体をどのように成長させていくのか？ 新たな製品をどんどん作り出していくのか？ 新たな市場をどんどん開拓していくのか？ といった成長戦略や、どうやって競合他社との競争に打ち勝っていくのかという競争戦略も打ち立てられないはずなのです。

競争に打ち勝っていくために必要となる、人材戦略、財務戦略等、各機能別の戦略についても同様です。

つまり企業は、「財務戦略が上手くいって、お金があるから、何しようか？」ではなく、「マーケティング戦略が上手くいって、売れちゃったから、どうしようか？」でもなく、経営理念を実現するために、環境を分析し、事業領域を定め、成長戦略や競争戦略を検討し、そのために必要な人材や資金や技術等の各論に落とし込んでいくのです。

女性融資渉外も、経営の全体像を把握し、コンサルタントのようなアプローチができるような人材へとステップアップできるように、上司としての指導が求められます。

先輩 女性融資渉外からの1ポイント・アドバイス

　同じような業種、同じような企業で、より良い事例を知ると、良かれと思ってお客様に助言したくなることもありますよね。ただ、いくらお客様にとって有益な情報であったとしても、思い上がった態度や言い方には気をつけましょう。

　お客様はその業界に長くいらして、お客様の会社のことは、お客様のほうが詳しいのです。慣れてきたとしても、今までどおり、勉強させていただく、お客様を尊敬する、という姿勢でいましょう。私たちは、お客様がご判断しやすいように情報を提供する立場にいます。私たちが見知った情報を、お客様が初めて聞く場合、つい「教える」気持ちになりがちですが、「ご説明」差し上げると認識しましょう。

　もし明日異動が決まっても後悔のないように、一期一会の対応を心がけましょうね。こうするべき！ に振り回されず、お客様が大切にしている価値観を共有させていただけるといいですね。

ケース 16

状況対応の部下指導
～シチュエーショナルリーダーシップ～

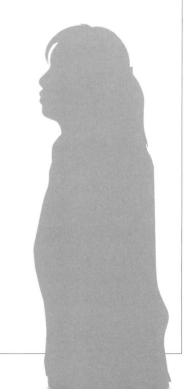

Case16　12月18日（月）10：25　共有キャビネット前にて…

川藤さん

> 上杉さん、ちょっといいかな!?

上杉さん

> はい！何でしょうか？

> C社の社長から、自宅不動産のことで相談があったんだけど、司法書士を紹介してくれって
> 上杉さん、不動産関係のことって詳しかったよね？

> はい！自宅をどうされるのですか？
> 何をされたいかによって紹介する相手もいろいろです

> そうか〜。2,000坪以上ある社長の実家の土地に、マンションを建てたいらしいのだけどね

> すごーい！だったら、開発行為に当たる可能性もありますので、土地家屋調査士に登記・測量してもらったり、建築士に開発許可の申請をしてもらったりと、さまざまな業務が発生しますよ。当行の融資先であるα建築事務所を紹介したらいかがでしょうか？
> 個人経営の司法書士事務所を紹介しても、手に負えないかもしれませんよ？

> へー。上杉さん詳しいね〜。私でも知らないことをたくさん知っているんだね！

> いつも教えていただいてばかりなので、
> たまには私もお役に立てるかなって思いまして！
> で、川藤さん！もちろん、マンションの建設資金は、当行から融資するんですよね!?

> あっ！そうだね。そちらが我々の本業だったね
> すっかり忘れていたよ
> 上杉さんは、すっかり融資渉外が板に付いてきたね～！

> もうー。川藤さん！冗談言ってないで、しっかり新規の
> 融資提案してきてくださいね

解説　「知らないふり」をするのも指導の一つ

女性融資渉外も、だんだんと業務に慣れてくると、上司・先輩よりも詳しい分野、得意分野も出てくるはずです。

全ての分野、全ての能力において、常に上司のほうがよく理解しているとは限らないはずです。

部下が非常に詳しい、成熟していると思われる分野については、

　　　　相談型、参画型の指導方法に切り替えてみる

のも良いかもしれません。

女性融資渉外にとっても「上司よりも詳しい分野がある」「上司よりも得意分野がある」ということは、とても自信につながります。

上司としては、

　　　　知っていても知らないふり

　　　　分かっていても分からないふり

をして、部下に考えさせたり、調べさせたりすることも必要なのかもしれません。

ステップアップ指導の着眼点

▶シチュエーショナルリーダーシップ（SL理論）の実践

シチュエーショナルリーダーシップとは、ハーシィとブランチャードが提唱した、条件適応型のリーダシップ理論です（図表16-1参照）。

図表16-1　シチュエーショナルリーダーシップ（ハーシィ＆ブランチャード）

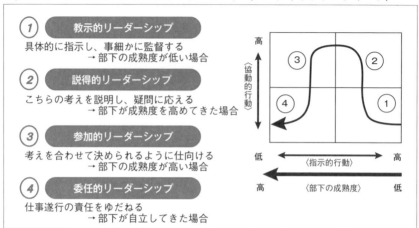

　では、どのような条件によってリーダーシップのスタイルを変えるかというと、

　　　　　　部下の成熟度によって、リーダーシップのスタイルを変える
のが有効だと説明しています。

　つまり上司が、女性融資渉外に対してリーダーシップを発揮する場合、部下である女性融資渉外がどのくらい融資渉外活動に慣れてきたか？によって、リーダーシップのパターンや関わり方を変化させると効果が上がると言えます。

　具体的には、まだまだ、融資渉外を始めたばかりという、女性融資渉外の成熟度が低い場合は、業務について具体的に指示し、事細かに監督することが必要となります。

　これを、

　　　　　　教示的リーダーシップ
と呼びます。

　次に、女性融資渉外が、少し業務に慣れてきた場合には、上司として

の考えを説明し、質疑応答して疑問に応えながら指導することが有効でしょう。
　これを、
　　　　　説得的リーダーシップ
と呼びます。
　さらに女性融資渉外がかなり成熟度を高めてきた場合は、対等な立場で議論し、考えをすり合わせて、自ら意思決定を行うように仕向けることが、自立へ向けて有効な手段となってきます。
これを、
　　　　　参画的リーダーシップ
と呼びます。
　最後に、女性融資渉外が十分自立して活動できている場合、非常に成熟度が高い場合は、業務遂行の責任をゆだね、信頼して、業務をある程度任せることも有効です。
　これを、
　　　　　委任的リーダーシップ
と呼びます。
　要するに、いつまでも子供扱いしたままでいても、いきなり大人扱いしはじめても有効ではなく、
　　　　　部下の成熟度をしっかりと見極めて（状況適応して）指導するのが有効
だということです。

先輩 女性融資渉外からの1ポイント・アドバイス

　たまには、上司や先輩に頼りにされてみたいですよね。私はまず、上司先輩が「面倒〜苦手〜」とお話しているものを見つけて取り組みました。得意分野は、重なっていないほうが任せてもらいやすいかなと思ったからです。そう考えると実は、新しいテーマは大チャンスです！　今までの蓄積がなく、一斉に学び始めるものなら、上司・先輩の先回りをすることも可能かもしれません。

　もし、「試しにやってみて」と任せていただけたら、「これが足りないから無理！」「あれができないからダメ！」には要注意です。できない理由を探して説明しても、「私、やりたくないんです!!」と説得したいように聞こえます。実際は自信のなさや、不安を伝えたいだけだとしても。

　できるための手段を考えて、最低限どこを助けてほしいのか、前向きに取り組むためにどうするかを考えましょう！

　ないものではなく、あるものに注目して、これなら私でもできる、あれならご利用いただける、と取り組んでいれば、あなたの頑張りは、きっと誰かが見てくださっています！

ケース 17

メンタルヘルス対策とストレスマネジメント

Case17　1月22日（水）9：31　支店内の廊下にて…

川藤さん

> 上杉さん、上杉さん!?　上杉さん!!

上杉さん

> は、はいっ。何ですか…

> どうしたの？　なんだか疲れているみたいだね？

> お気遣いいただいてすみません
> 仕事が立て込んでいるのと、融資先のB社からのプレッシャーがすごくて、深夜まで、いろいろと考えてしまって、最近よく眠れないんです……

> そうか、私で良ければ、相談に乗るから、話してみてよ
> 以前、カウンセリング講座で、女性の素敵な先生から聞いたんだけど、話したり、歌ったり、食べたり、口を使う事が、ストレス発散になるらしいよ
> 心理学者のカール・ロジャーズも、「人は話すだけで癒される」と言っているらしいからね

> ありがとうございます。女性融資渉外ってまだまだ少ないじゃないですか？
> だから相談できる人とかも支店の中にはいなくて…
> 支店長や副支店長には相談できないし、川藤さんもいつも忙しそうで、なかなか相談しづらかったんです…

> そうか。忙しそうにしていて、話しかけづらかったよね
> ごめんね。じゃあ、今日は夕方空けとくよ。大丈夫かな？

> はい。ありがとうございます。ご馳走になります

> えっ!?　話をするほうじゃなくて、食べる方で口を使うの？

> いやだな〜川藤さん！　しっかり食べながら、いろいろ話しますよ！

ケース17 メンタルヘルス対策とストレスマネジメント

解説 女性融資渉外の悩みは多いはず

　女性融資渉外は、まだまだ人数的に少ないのが現状です。
　地域の金融機関では、各支店に1人か2人いらっしゃればよいほうでしょう。
　そうなると、女性ならではの悩みや相談事も、なかなか打ち明けられず、一人で抱え込んでしまうことも多いと思います。
　上司は、「最近よく眠れない」などの症状をいち早く察知して、女性融資渉外のストレスレベルにも気を遣ってあげる必要性があります。
　また、金融機関の行職員としての知識や判断、融資先でのトラブルだけでなく、御化粧や、身だしなみ、バッグや所持品についての悩み、社内での女性行職員同士の人間関係、セクハラ・パワハラ等についても、気を配ってあげる必要があるでしょう。

ステップアップ指導の着眼点

▶上司の側から悩みに対応していく

　上司の側からストレスに気付いてあげるために、女性融資渉外特有のストレス要因を紹介します。

①完璧主義と失敗への恐怖

　女性融資渉外は、女性の少ない状況で、「これだから女は」と言われる恐怖に晒されています。
　「お取引先からクレームを受けたら」「上司に迷惑を掛けたら」「叱られて涙が零れてしまったら」「他の女性行職員と仲良くできなかったら」「体調を崩して弱いと思われたら…」など、男性部下と渡り合うには、**わずかな失敗も命取り、周囲の信頼を失ったら一貫の終わり**という緊張状態で、必要以上のストレスを感じている場合があります。

また、私にはここが足りない、完璧じゃないから無理！と失敗を恐れて、挑戦を避ける傾向もあります。
ぜひ、
余計なプレッシャーを感じる必要はない
と伝えてあげてください。

②**成長への焦りとキャリアへの不安**
結婚・出産後も働き続ける女性が増えてきたとはいえ、対応には未だ課題の残る職場が少なくありません。
産休後、自分の居場所はないのでは、と不安に感じる女性融資渉外は、とにかく成長を焦ります。
結果、現状と理想とのギャップに心が折れてしまう例が多々あります。
ロールモデルがいない職場でキャリアへの不安を感じていたり、逆に、
ロールモデルが眩しすぎ、自分には真似できない
と自信を失うこともあるようです。
抱えている悩みも聞きつつ、一人ひとりに合った働き方を話し合ってあげてください。

③**職場コミュニティの居心地**
女性の共感力の高さは、相手の感情を汲み取ることのできる良い面でもある一方、周囲の雰囲気の影響を大きく受けるという面も持ち合わせています。
職場の人間関係がギスギスしている、終始誰かが怒鳴られているという環境下で、ストレスレベルが上がる、その結果ミスが増える、といった傾向があるようです。
反対に、自分はコミュニティの一員として認められている、と感じられる環境下では、大切なメンバーのために、実力以上の力を発揮することもあります。

図表17-1 「いつもと違う」部下に気付くためのポイント！

心身の変化	行動の変化
・食欲が無くなる	・遅刻・早退・欠勤の増加
・よく眠れない／朝起きられない	・服装・身だしなみの乱れが目立つ
・常に疲れを感じる	・反応が薄くなる(乏しい表情変化・単調な話し方)
・集中力が続かない	・会話量の減少、声量の低下
・肩こり・頭痛がひどい	・不安定な感情変化
・動悸・息切れ・過呼吸／便秘、下痢	(怒鳴りちらす、泣き喚く、叫びだす)
・やる気が出ない	・仕事の能率の低下
・不安・緊張・恐怖に悩まされている	・ミスの増加
・すぐ落ち込んでしまう　立ち直りにくい	・積極性・自発性の低下
・感情の起伏が激しくなる	・特定の物事への依存度の強まり
・いままで楽しかったことが楽しくない	・午前中が特に辛そう

職場の雰囲気づくりは、女性融資渉外がいきいき働いていくためにも重要な要素といえるでしょう。

▶心身・行動の変化をキャッチ

部下の「心の健康状態」の把握には、「通常状態との違い」が判断基準となります。

「いつもと違う？」に気付くには、部下の日頃の行動や発言を知る必要があります（図表17-1参照）。

ただし、急な「今日、体調悪い？」に対しては「セクハラ！」と過剰反応する女性融資渉外もいますので、

　　　　　　日頃からの関係構築が大変重要

です。ぜひ、部下に関心を持って接してあげてください。

気に掛けてもらえている、という事実は、女性融資渉外にとって嬉しいものです。

先輩 女性融資渉外からの1ポイント・アドバイス

　最近、以前に比べてミスが増えていませんか？　身体や心が疲れていると、集中力が続かなくて意図しない失敗をしてしまうそうですよ。あまり、気負いすぎないようにしてくださいね。責任感はとても大事ですが、過度に感じるのはかえってよくないです！　上司の期待は、想定ほど高くないかもしれませんし、たまたま起こしてしまった失敗で日頃の信頼が全部消え去ることもありません。

　ただ、ある程度のストレスは、筋トレと同じで、成長には効果的だそうです。現代社会で「ストレスゼロ」は無理なので、「コントロールしているぞ」と意識しましょう。何もせずストレスを受け続け、我慢して、ストレス要因が過ぎ去るのを待つのは、身体にも心にも良くありません。たとえ同じ状況であっても、ストレスを感じているけど鍛えているな！　と考える、今、感じたストレスを発散中！　など意識するだけでも、心の健康管理を自分でコントロールすることにつながります。

　今感じている、悩んでいるもやもやを、長く続くのか一時的なのか、自分で変えられるのか否かに分解したら、力を注ぐのは自分で変えられることへ。一時的なものなら、考えないで気分転換したほうが解決するよりいい場合もあります。

　ノルマに関しても、事実が変えられないなら考え方・とらえ方を変えてみましょう！　商品の良し悪しはお客様によりますし、使い方次第です。商品を望むお客様に、魅力的なものとしてご案内できるように、よく商品性を学ぶようにしましょう。

　悲しい気持ちで自分を傷つけずに、ストレスとはうまく付き合っていきたいですよね。

ケース 18

商談スキルを磨く法則

Case18 2月26日(月) 15:43 上杉さんのデスクにて…

はい、お電話代わりました
やまと銀行、東十条支店、上杉でございます

上杉さん

社長～お久しぶりです～！ 上杉です
…ありがとうございます～
…えーいやだー本当ですか～嬉しいです～
…はいまた楽しみにしています～どうも～

川藤さん

上杉さん！ 今の電話A社の社長？

はい、そうですけど…？

ずいぶん親しげだったけど、大丈夫かな？

えっ？ 何がですか？

相手は、融資先の社長でしょ？ お客様だよね？
金融機関はサービス業だからね
いくら親しくしていただいても、親密なことと、
なれなれしいのは違うからね

そうですか！ すみません。少しでも、親しくしたくて
逆に、失礼な対応だったかもしれません…

そうかもしれないね。相手との距離を近づけたいと
思ったら、なれなれしい言葉づかいをするよりも、
やはり、誠実な対応を心掛けたほうがいいかもね
我々は、金融機関の担当者だから、お客様もなかなか
クレームをおっしゃらないけれど、
本音では、「失礼だ！」「なれなれしい」
「友達じゃないんだから」と思っている可能性も
あり得ますよ？

> そう言われると、そうですね！承知いたしました
> 私もまだまだですね
> そして川藤さん！いつもご指摘ありがとうございます
> これからもご指導ご鞭撻のほど、
> 何卒よろしくお願いいたします

> ふふふ、上杉さんは本当に極端だな〜
> 私にしてくれるぐらい丁寧な対応ができたら
> どんなお客様も、上杉さんのことを信頼してくれると
> 思いますよ。これからも頑張ってくださいね！

解説　無意識の「なれなれしさ」に注意

　初めて担当するお客様に対して、まずは仲良くなりたい、信頼関係を築きたいと考える女性融資渉外は多いと思います。

　その時に、女性であることを逆手にとって、なれなれしくしたり、甘えた感じで接することはいけません。

　男性であっても、女性であっても、金融機関の担当者として誠実に対応しなければいけません。

　特に、上司が見ていないところで、女性であることを有利に使っていないか？　気をつけてみてあげる必要があります。

　また、女性融資渉外の主張が「そんなつもりはなかったのに！」という場合は要注意です。

　本人にそのようなつもりはなくて、お客様からはなれなれしいと感じられている場合は、クレームにつながったり、セクハラにつながったりする場合もあります。

　お客様から、「お食事に誘われた」「電話番号やLINEを聞かれた」などということにもつながりかねません。

ステップアップ指導の着眼点

▶ビジネスパーソンとしての信頼関係を築くテクニック

女性融資渉外が活用できる、対人関係構築に役立つヒューマンスキルを2つ紹介します。

① 3Ⅴの法則

これは、アメリカの心理学者、アルバート・メラビアン（Albert Mehrabian）が提唱したものです。

3Ⅴとは、

・言語（Verbal）
・聴覚（Vocal）
・視覚（Visual）

の3つの要素を言いますが、簡単に言うと、この3つの要素がどれぐら

図表18-1 「3Ⅴ」が相手に与える影響

	影響度
① 言語（話の内容等）	7%
② 聴覚（話し方声の調子、高低、大小等）	38%
③ 視覚（ボディランゲージ、態度、姿勢、身振り、手振り等）	55%
合　計	100%

い相手に影響を与えるか？　ということを明らかにした理論です（図表18-1参照）。

　まず言語（Verbal）すなわち言葉ですが、これは7％しか相手に影響を与えないということのようです。

　つまり、女性融資渉外が言葉でいくら小難しい手続を説明しても、7％しか伝わらないということです。

　次に、聴覚（Vocal）の影響度は38％です。

　話し方、言い方というのは38％も影響を与えるということです。

　同じことを言われても、「なんだか気に入らない」「ちょっと気に障る」なんてこともあるかと思います。

　強い言い方や、反対に、なれなれしい言い方をするのも、相手にどう伝わるのか考える必要があるのです。

　特に電話の場合は、音声情報のみですので、誤解されないように気をつけなければなりません。

　最後に、視覚（Visual）がなんと55％です。

　見た目の清潔感、立ち居振る舞い、身振り、手振り等が非常に重要なのです。

　女性融資渉外にとって、身だしなみやマナーが重要なのは言うまでもありませんが、金融機関の担当者として信頼されたいと思ったら、話す言葉、話し方、見た目の印象まで注意する必要があるということです。

②ザイアンスの法則

　これは、社会心理学者のロバート・ザイアンス（Robert. B. Zajonc）がまとめたものです。

　要点は、

・人は、知らない人に対しては攻撃的になる！

・人は、その人を知れば知るほど好きになる傾向がある！

・人は、その人の人間的側面を知ったとき好意を持つ！

図表18-2 ザイアンスの法則

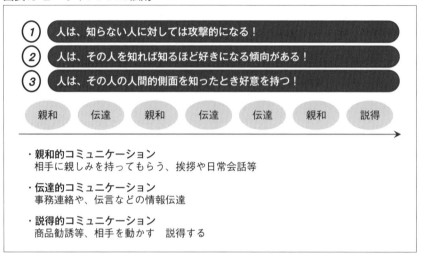

という法則です。

　私たちの日常でも、既に経験があるはずです。何度も何度も接触して、顔見知りになるとだんだん好意的になってくるという効果です。

　金融機関の中でも、新しいメンバーが転勤してくると、最初はどんな人かな？ と少し疑心暗鬼になったりするものです。

　しかし、毎日毎日顔を合わせて、一緒に過ごしているうちに、親しくなってきます。

　これは、お客様にとってもまったく同じことが言えます。

　女性融資渉外が初めて担当した時には、ちょっと心配して不安に思っていたお客様も、何度も何度も接触していくうちに自然と親しくなり、好意的になっていくものです。

　ですから、女性融資渉外には、

　　　　　苦手なお客様ほど、足繁く通いお客様に顔を見せる

ことを心がけるように指導してみてください。

接触回数が増えるに従って、だんだん信頼してもらえるようになるからです。

さらに、接触する時にちょっとしたポイントがあります。

お客様と、女性融資渉外が接触する場合には、

- 親和的コミュニケーション（相手に親しみを持ってもらう、挨拶や日常会話等）
- 伝達的コミュニケーション（事務連絡や、伝言などの情報伝達）
- 説得的コミュニケーション（商品勧誘等、相手を動かす、説得する）

の３種類がありますが、いきなり説得的なコミュニケーションを行うことは難しいものです。

まずは、親和的コミュニケーションや伝達的なコミュニケーションを多くして、接触回数を増やすよう心がけるのがポイントです（図表18-2参照）。

ですから、業種業界を問わず、営業職の方は「時間ができたらお客様に顔を見せに行け！」と言われるのです。

そして、ザイアンスの法則に従い信頼関係が高まってきた所で、説得的なコミュニケーションへ発展させるのが、商談をスムーズに運ぶ秘訣かもしれません。

先輩 女性融資渉外からの1ポイント・アドバイス

　マナーを習った時に、「相手基準で考える」と学びましたが、相手の立場に立つのって結構大変じゃありませんか？ お客様の目線で考えられるようになりたいけど、初期の訪問時には、お客様がどんな方で何をご要望か分からないし…。

　私は、お客様に関心を持って接することから始めました。お部屋には何があって、どんなものをお持ちで、何についてよくお話をするのか。それから、お客様が嬉しいこと（喜ばれること）、嫌がられることを3つずつ見つけるようにしました。いくら言葉ではOKとおっしゃっても、表情と話し方がお嫌そうであれば、これはNGかな、などじっくり拝見するようになりました。

　せっかくなら、お客様と接触できる機会を存分に活かして、親しみも信頼もある融資渉外になりたいですよね。

ケース 19

女性融資渉外の自己分析をサポート

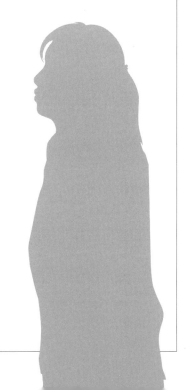

Case19　3月7日（水）12：04　エレベーターホールにて…

上杉さん

川藤さん、お疲れ様です。今日、お時間ある時に、ちょっと宜しいですか？

川藤さん

何？どうしたの？じゃあ今からちょうどランチだし、久しぶりに一緒にランチしようか？

はい！ありがとうございます！

※　※　※

実は先日、本店で各支店の女性融資渉外の集まりがあったんです
そこで、みんなの話を聞いていたら、
私の融資渉外スタイルって正しいのか？
不安になってきたんです…

へー。そうなんだ。具体的には、他の女性融資渉外の方はどんなスタイルだったの？

単なる社長の話相手ではなくて、経営相談に乗っている方もいるみたいなんです！
他にも、一緒に資金繰表を作成して
財務のアドバイスしている人もいるし、
関連会社の「やまとリース」や「やまとビジネスサービス」
を紹介している方もいるんですよ！

へー。すごいね〜！

私なんて、御用聞き営業みたいな感じで、
取引先から言われた事だけ必死で対応していて…
もちろん誠心誠意お客様へ接していて楽しいのですけど、
従順に従うだけのスタイルってどうなんですかね…
私も、もっと積極的に提案したりしたほうが
良いんでしょうか…

> そんなことないよ。今まで上杉さんのやってきた仕事が、
> どれぐらいお客様のお役に立てているか、
> どれぐらいお客様が喜んでくれたか！
> 振り返ってごらんなさい
> 女性融資渉外の皆さんが同じスタイルで、
> 同じ営業をする必要はないのですよ！

> そうですか？ 今のスタイルでいいのですかね～

> もちろんだよ！ 上杉さんは、上杉さんらしくていいよ！
> 上杉さんのスタイルは、どんなお客様にも柔軟に合わせられるから、クレームは今までほとんどないし、
> お客様へのアンケート調査でも、
> 非常に好感度が高いみたいだよ！

> えっ！ そうなんですか！ もう一回言ってください！
> もう一回！

> ははは……。上杉さんは本当に分かりやすくて、
> 明るくて楽しいね～
> 自分らしいスタイルで、無理せず頑張ろうね！

解説　自分らしい働き方をサポート

　極端な例として、男性行職員なら、上司や先輩から言われたら、皆が同じようなスーツを着て、同じようなカバンを持ち、同じような資格にチャレンジし、同じような仕事をすることがあり得るのかもしれません。
　しかし女性行職員は周りとの協調を図りながらも、しっかりと個性を重視する傾向があるように感じられます。
　　　　　自ら一番良いものを、自分に合ったものを選択する
という行動が身についているような気がするのです。
　それは、持ち物や、ファッションだけでなく、働き方についても同様で

す。

　ですから、男性行職員が描くような、プロトタイプ的な働き方や、キャリアビジョンからの、「金融機関の行職員はこうあるべきだ！」などという枠に女性行職員を当てはめてみて、それに当てはまっていれば「よくできている」、当てはまっていなければ「できていない」などと評価することは、若干無理があるように思います。

　女性は常に、
　　　　　女性らしい、自分らしい働き方を模索している
と思うのです。

　そして、それは、
　　　　　今まで男性行職員ではできなかった**革新的な金融機関の行
　　　　　職員のビジネスモデルとなること**
なのかもしれません。

　ですから、女性融資渉外の渉外スタイルが男性行職員と違っていても、他の女性行職員と違っていても、暖かく見守ってあげるべきです。

ステップアップ指導の着眼点

▶女性を活かす4つの視点

　女性ならではの細やかな対応、女性ならではの強み、女性ならではの視点をどのように渉外活動に活かすか？　について、4つのタイプ別に考えてみます（図表19-1、19-2参照）。

①相談型・カウンセラータイプ

　カウンセラータイプは、経営相談からさまざまな悩みまで、親身になって応対し、精神的に中小企業の経営者や担当者を支える渉外担当者です。

　中小企業の経営者は、意外と相談相手は少ない場合が多く、愚痴でも

図表19-1　女性が活きる4タイプ

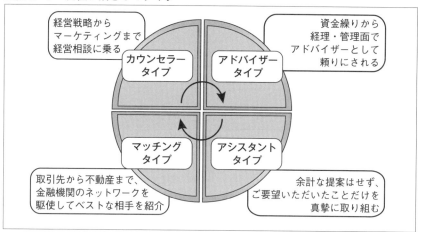

何でも話を聞いてあげるだけで、本当によい信頼関係が構築できる場合もあります。

親身になって話を聞くことは、まさに女性ならではの強みを発揮できると思います。

取引先からしても、女性のほうが話しやすいということもあります。

このタイプは、じっくりと時間を使って長期的な信頼関係を構築することが重要です。

②金庫番・アドバイザータイプ

アドバイザータイプは、金融機関の行職員としての財務知識を活かして、取引先の資金繰り等をサポートするタイプです。

例えば運転資金について、取引先からの回収条件等を聴取するなど、経理的なアドバイスも行います。

金融機関の行職員としては最も基本的な能力ですし、意外とニーズは高いと思います。

図表19-2　4タイプの特徴

分類	特徴
カウンセラータイプ	悩みごとから経営相談まで心理的な支えとなる
アドバイザータイプ	資金繰り、経理・管理面で頼りにされる
マッチングタイプ	金融機関のネットワークを駆使してニーズに合った取引先や不動産等を紹介する
アシスタントタイプ	余計な口出しはせず、真摯に要望への対応に取り組む

　特に、中小企業では社長が一人で、営業、経理、総務的な業務まですべて行っている可能性が高いのです。
　奥さまやご子息等が経理などを手伝っている場合はよいのですが、社長一人では目が行き届かない場合も多いです。
　そこで、女性行職員が良い意味での「女房役」となり、しっかりと財布の管理、財務・経理的なアドバイスを行ってくれることはとても心強いのです。
　また、奥さまが経理担当をしている場合などでも、夫の仕事に無理やり付き合わされて、よく分からずに経理をしているといった場合も少なくありませんので、奥さまの良き相談役になれる可能性も高いです。

③紹介型・マッチングタイプ
　マッチングタイプは、金融機関としての人脈・グループ力を発揮し、取引先や、専門家等を紹介するタイプです。
　金融機関としても、ビジネスマッチングなどに力を入れている場合も多いですので、非常に有効なタイプと言えます。
　しかし、この場合に注意しなければいけないのは、取引先のニーズを

よく理解せずに紹介して、後でトラブルとなることです。
「銀行の紹介で無理やり取引させられた」「ニーズに合わない取引先を紹介された」などというクレームになることも少なくありません。
そうならないためには、きちんと取引先のビジネスモデルを理解し、ニーズを理解し、ターゲット顧客などを理解するために、最低限の経営知識、マーケティング知識を身につけておく必要があります。

④秘書型・アシスタントタイプ

アシスタントタイプは、余計な提案や無理な営業はせず、ご要望いただいたことに専念するタイプです。

既存の取引先で、すでに関係構築ができている取引先を引き継いだ場合などは非常に有効です。また取引先の中には、あまり積極的に営業されたくないという方も少なからずいらっしゃると思います。

積極的な提案営業よりも、先方のご要望事項に誠心誠意取り組むと言うことも重要な渉外活動です。

短期的な取引推進よりも、長期的な取引維持を行う場合はこのようなタイプの女性渉外担当者に任せておくと上司も安心できるでしょう。

先輩 女性融資渉外からの1ポイント・アドバイス

　尊敬する上司の行動をひたすら真似していたけれど、やっぱり上司のようにはいかなくて落ち込むことがありました。

　そのとき、「無理やり真似をしてもうまくいかないから、『お客様があなたに担当してほしい理由』を考えなさい。お客様のニーズを叶える手段は、ひとつだけではないはずだよ」とご指導をいただきました。

　「成果」を判定するのは自分じゃなく、お客様なので、『あなたブランド』を見つけましょう！　まずは、お客様をよ～く見て、お客様のお話をよ～く聞いて、お客様が求める立場になれるように、謙虚な気持ちで接しましょう。

　これが正解！　というタイプがない以上、良い関係はお客様と一緒に作り上げていけばいいと思います。サービスではなくて、条件ではなくて、「あなただから」とお客様に自分自身を選んでいただけたとき、金融機関にとっても、お客様にとっても、あなたにとってもみんな嬉しいことですよね。

ケース 20

女性融資渉外に後輩が配属されたら

Case20　3月24日（金）16：48　デスク横の打合せスペースにて…

川藤さん

> 上杉さんも、融資渉外になって、もう1年が経とうとしているね！

上杉さん

> もう1年ですか!? あっという間でした

> そうだね、来年は上杉さんと同じような女性融資渉外を、もっと増やしていくらしいよ！

> えー。そうなんですか？
> まだまだ私も全然成長できていないのに不安です…

> そんなことないよ！ 1年前を思い出してごらん？
> 1年前とは比べようもないくらい成長しているよ！
> そして今度は先輩として、
> 後輩を教えてあげる立場になるんだよ！

> そうなんですか！ 私が教えるんですか？

> そうだよ！ 自分が教えてもらいたかったこと！
> 教えてもらって良かったこと！ だけではなく、
> 男性上司からでは、なかなか伝えにくかったことなんかも、
> 女性融資渉外の先輩として、どんどん指導してあげてね

> はい！ 確かに、川藤さんからだとセクハラになりそうなこともありますものね！

> そうだね！ 女性同士の悩みなども、
> 相談に乗れると思うしね

> そうか〜。じゃあまずは、この銀行とこの仕事を
> 好きになってもらいたいですね！

> それはいいね！知識や技術は私からも指導するから、上杉さんには、ぜひ、「良き先輩」「良き理解者」としてのメンターになってもらえたら助かるね

> はい。承知しました。川藤さんの指導が厳しすぎるときは、私がフォローするようにします！

> こらこら、それだけじゃないよ…
> でも、今度は２人で役割分担をしながら、一緒に育成できると良いかもね！

> はい、それなら私もお役に立てそうです！頑張ります！

解説　上司と先輩女性融資渉外がペアとなることが有効

　女性の活躍を支援している金融機関では、これからどんどん女性融資渉外も増えていくと思います。

　その時先輩となる女性融資渉外は、自らの仕事に精一杯で、部下指導や、コーチングのスキルまでは、まだ身についていない場合が考えられます。

　そんなタイミングで、すぐに指導役を任されては、教えるほうの先輩側が困惑してしまいます。

　そこで、上司と女性融資渉外がペアとなって、後輩の女性融資渉外を指導することが有効だと考えます。

　具体的には、上司は、知識やノウハウを教えて、先輩女性融資渉外は、「理解できたか？」「知識が定着している？」を確認する、というような役割分担です。

　　　上司が、厳しく指導して、先輩はメンターとして優しくフォロー

> 上司が、現場に同行させ、仕事を見せて、先輩がそれを説明、解説する

など、ペアで後輩を指導することが有効だと思います。

こうすることで、先輩側も、「後輩指導に参加している！」「私が面倒を見ている！」という実感を持てますし、後輩にとっても、「上司には言いにくいことも聞いてもらえる」という相談相手ができることになります。

また、ほとんどの金融機関ではOJTリーダー、メンター等は導入していると思いますが、先輩社員だけに任せっきりになってしまっている場合が多いかもしれません。

特に責任感の強い女性の場合は、全部一人で抱え込んでしまう場合もありますので、上司と一緒にフォローしてあげれば、先輩にとっても、後輩にとっても、仕事がやりやすい環境となるのではないでしょうか。

ステップアップ指導の着眼点

▶ 職場・仕事を好きになってもらうことが重要

アメリカ合衆国の心理学者・アブラハム・マズロー（Abraham. H. Maslow）によれば、人間の欲求は5段階の階層で理論化されています（図表20-1参照）。

一番底辺にあって強い欲求は、生理的欲求です。

これは、生きていくために必要な、食欲や睡眠の欲求です。職場に置き換えてみれば、生きていくために必要な最低賃金や労働時間等と考えられます。

いくら働いても生活できない給与水準であったり、残業続きで十分な睡眠も取れていないのでは、生理的欲求は満たされませんよね。

次は、安全・安定の欲求です。

これは心身の安全を確保できる、きちんとした職場で働きたいという

図表20-1　動機付けの考え方と組織での具体策

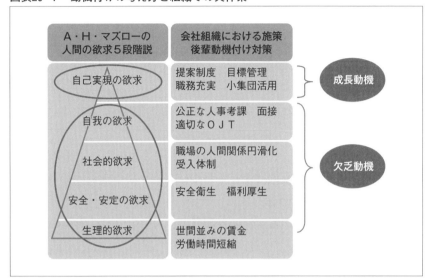

欲求です。

　いくらお金をもらえていたとしても、生命の危険を伴うような職場は厳しいといえます。

　そして、3番目は社会的欲求です。

　これは別名「所属と愛の欲求」と呼ばれています。「私はこの会社の一員なんだ」「私はこの会社の仲間なんだ」という所属意識です。

　職場での人間関係が良くなければ、この欲求は満たされません。

　逆にこれが満たされないと、「こんな人たちと同じだとは思われたくない！」「こんな職場は私がいるべきところではない！」ということになってしまいます。

　4番目にある自我の欲求とは、職場の仲間から評価されたい、誉められたいといった欲求です。

　普段から誉めてあげることでも満たされますし、人事考課等によって

も満たされます。

最後は、自己実現の欲求です。

これは、本人自身による成長動機であり、「この仕事を通して、こんなキャリアを築いていきたい！」「この職場でこんな風になりたい！」といった目標となります。

ここまでたどり着ければ、女性融資渉外育成プランとしては十分だと思います。

ポイントは、一番下の欲求が一番強く、優先されるため、下の欲求が満たされないと、上の欲求は満たされないということです。

つまり、社会的欲求が満たされず、「こんな職場、私が長くいる場所じゃない！」と考えている女性融資渉外に、一番上の自己実現の欲求に関し、「将来どんなキャリアを考えている？」といったことを問いかけても、考えられる訳はないのです。

つまり、後輩女性融資渉外ができた場合は、まずは社会的欲求までを満たしてあげられるように育成するのがよいと思います。

まずは、この職場、このメンバー、この仕事を好きになってもらう。それにより、よい仕事は自然とできるようになるものなのです。

先輩 女性融資渉外からの1ポイント・アドバイス

　まだ、誰かを教えられるほど成長していないし…知識だって正しいものを教えるべきだから、まだ勉強が足りていないし…と、私も考えていました。

　ただ、先輩方を見て気づいたのは、何でもできるようになると、できなかった頃のことを忘れてしまうということです。「なんでできないの？」と状況の理解も心理的な納得もしにくく、ご自身と若手の差を埋めるのにご苦労される場面をよく見かけます。

　ならば！ なぜできないのか、よ〜く分かるあなただからこそ、教えてあげるのにぴったりなんです！

　行動を分解して、どこまではできるのかを一緒に確認する。一度できたことなら、再現できるように練習する。

　どうすれば分かりやすいかな？ と考えるとき、後輩だけでなく教える私たちも成長しています。私たちが気づいてきたこと、習得してきたことを伝えて、私たちも感じたはずの後輩の悩みを聞いてあげて、新しいことは一緒に学び説明していけばよいのです。お取引先の融資担当も、後輩指導も、大変だけど成長に寄り添うことのできる、やりがいも達成感もあることですね！

おわりに

ボクシング名伯楽が実践したこと

エディー・タウンゼントさんは、世界チャンピオンを6人も育てたボクシングの名トレーナーです。

その教え子には、

　　藤猛　海老原博幸　柴田国明　ガッツ石松　友利正　井岡弘樹

等がいるのですが、皆さん、口をそろえて同じことを言うらしいのです。

それは、「俺が一番強かった！」でも「俺が一番努力した！」でもなく、

　　　　　「俺が一番愛されていた」

だそうです。

部下・後輩は、「あの子だけ贔屓している」「自分は邪険に扱われている」と時には嫉妬しがちです。

しかし、このエディーさんのように、どの部下にも愛情を注ぎ、どの部下からも愛される上司となれれば最高でしょう。

女性融資渉外だけでなく、数多くの部下・後輩から慕われ、尊敬され愛される管理職となれるよう応援しています。

著者からの3つのメッセージ

①

部下指導のスキルを身につけ、育成の方法を学んでいただくと、もしかしたら、部下に試してみたくなるかもしれません。

やる気のある人ほど、部下に実践してみようと思うかもしれません。

しかし、部下は、あなたの実験台ではありません。

田舎から出て、両親も就職を喜んでくれて、それぞれの人生があります。

それらをよく理解して、一人の人間の人生を、キャリアを、自分が左

右するかもしれない！という責任感を持って指導にあたってください。

②

　育てた部下のおかげで、上司も社会的欲求を満たし、成長動機にもなります。

　教えているつもりが、教えられている、ということも数多くあり、部下にこの職場を好きになってもらいたいと動くつもりが、自分自身がこの職場を、この仕事を、後輩や部下たちとの人間関係を好きになっていくのかもしれません。

　会社を辞めたいと思う時も、上司として育成した部下の顔が思い出され、手を抜きたいと思う時も、尊敬して、慕ってくれる後輩の顔が目に浮かび、自分自身の考えを改め直すことに、きっとなるはずだと思います。

　女性融資渉外の方は、業務で辛いときこそ、育ててくれた上司の事を思い出し、もう一度頑張ってみようと思い直すこともあると思います。一生懸命に取り組んできたあなただからこそ、きっと見ていてくださる方がいます。

③

　最後までお読みいただき、誠にありがとうございます。

　本書が、管理職の皆様方へは部下指導、人材育成への一助と、女性融資渉外の皆様方へはお客様に対するプロとして身につけるべき心構え、上司との関係構築、業務に対する自己啓発への一助となれば本当に幸いです。管理職の方ご自身と、女性融資渉外の方ご自身が、素敵にご活躍することを心より応援し祈念しています。また、何かの書籍で、何処かの研修会場で、お目に掛かれることを楽しみにしております！本当にありがとうございました。

執筆者略歴

川井 栄一（かわい えいいち）
三菱UFJリサーチ＆コンサルティング（株）人材育成支援室室長。中小企業診断士。宅地建物取引士。同志社大学を卒業後、あさひ銀行（現りそな銀行）に入行。退職後、起業・独立し、株式会社ALECを設立。株式会社ベンチャーコンサルティングの代表取締役にも就任。一方で、複数の大学、商工会議所、財団法人などで講師を兼任。現在は、公開ビジネス講座、講演会、グループ企業やクライアント企業での社員研修を担当。また、全国地方銀行協会、早稲田大学等でも講師を務める。

植月 彩織（うえつき さおり）
三菱UFJリサーチ＆コンサルティング（株）人材育成支援室。秘書検定1級。東京大学を卒業後、同社へ入社。金融機関コンサルタントとして、収益・リスク管理、店舗エリア分析、事務フローおよび事務マニュアル作成業務等に従事。その後、研修講師へ転身。現在、人材育成支援として、クライアント企業での社員研修会の講師、インストラクターを務める。対人コミュニケーション関連、働く女性の活躍を支援する研修に注力。

女性営業渉外の育成法
〜営業の基礎から融資渉外まで〜

平成29年5月19日 初版発行
1刷　平成29年5月19日

著　者	川井　栄一 植月　彩織
発行者	土師清次郎
発行所	株式会社 銀行研修社

東京都豊島区北大塚3丁目10番5号
電話　東京　03(3949)4101(代表)
振替　00120-4-8604番
郵便番号　170-8460

印刷／株式会社キンダイ
製本／株式会社常川製本
落丁・乱丁はおとりかえいたします。
ISBN978-4-7657-4552-9 C2033

謹告　本書の全部または一部の複写、複製、転記載および磁気または光記録媒体への入力等は法律で禁じられています。これらの許諾については弊社・秘書室(TEL03-3949-4150直通)までご照会ください。

2017 © 川井栄一／植月彩織 Printed in Japan